ubook

# XÔ NEGATIVIDADE!

Caitlin Margaret

TÉCNICAS PARA SER MAIS POSITIVO E VIVER MELHOR

ubook

Tradução do original do livro, *The path to positivity*, publicada pela Ubook Editora S.A mediante acordo com Callisto Media, Inc.



ubook UbK
Publishing House

COPIDESQUE Rowena Esteves
REVISÃO Viviane Nepomuceno e Lígia Alves
DIAGRAMAÇÃO Know-how Desenvolvimento Editorial
PROJETO GRÁFICO Bruno Santos
CAPA Bruno Santos

Dados Internacionais de Catalogação na Publicação (CIP)
(Câmara Brasileira do Livro, SP, Brasil)

Margaret, Caitlin

Xô negatividade! : técnicas para ser mais positivo e viver melhor / Caitlin Margaret ; tradução UBK Publishing House. Rio de Janeiro : Ubook Editora, 2020.

Título original: The path to positivity

ISBN 978-65-5875-055-0

1. Autoaceitação 2. Autorrealização (Psicologia) 3. Sucesso I. Título.

20-51140 CDD-158.1

**Índices para catálogo sistemático:**
1. Pensamento positivo : Psicologia aplicada 158.1

Cibele Maria Dias - Bibliotecária - CRB-8/9427

**Ubook Editora S.A**
Av. das Américas, 500, Bloco 12, Salas 303/304,
Barra da Tijuca, Rio de Janeiro/RJ.
Cep.: 22.640-100
Tel.: (21) 3570-8150

**Para meu parceiro**

no casamento e na travessura, Abhinav. Obrigada por acreditar em todos os meus sonhos e por me ensinar quão profundo o meu riso poderia ser. Você é o vento por baixo das minhas asas selvagens.

# SUMÁRIO

... Desfrute do pensamento positivo, medindo seu progresso ao longo do caminho, e mude sua vida — e seu mundo — para sempre.

# INTRODUÇÃO

Muitos de nós sentimos a urgência de transformar o nosso mundo para melhor. Queremos fazer a diferença e criar as soluções mais necessárias para o momento. E ainda assim, estas mudanças podem muitas vezes parecer fora de nosso alcance. Mas como começamos a mudar nosso mundo depende, em primeiro lugar, da capacidade de transformar e atender às necessidades em nossas vidas. Porém, sem estabelecer uma base dentro de nós mesmos sobre quais mudanças terão efeito nos outros, nossos esforços podem parecer desconectados e insuficientes aos resultados que almejamos.

As mudanças dentro de nós podem tomar inúmeras formas. Como saberemos por onde começar? É aqui que entra a positividade. A capacidade de enxergar nossas experiências através de uma lente de positividade nos dá a habilidade de remodelar nosso mundo interior e as ferramentas para viver a vida da melhor maneira. Provavelmente você já teve um pensamento positivo, mas não conseguiu se apegar a ele ou não obteve os resultados que desejava. Como alguém que lutou contra a depressão e a ansiedade por mais de uma década, eu entendo. Não importava quantas afirmações positivas eu lesse todas as noites, assim que recebia uma tarefa estressante ou esbarrava com meu ex, mergulhava de cabeça na negatividade.

Percebi que precisava de mais do que anedotas inspiradoras. Precisava de um caminho comprovado para a positividade. Concluí meu mestrado em serviço social pela Universidade de Columbia, onde aprendi técnicas inovadoras de pensamento positivo da psicologia moderna. Com isso, ensinei mecanismos de enfrentamento para lidar com transtornos mentais persistentes, trabalhei com crianças impactadas por conflitos armados e comecei dois empreendimentos sociais na Índia focados em populações rurais e marginalizadas. Durante o tempo que passei na Índia, aprendi o valor da quietude e do mindfulness, bem como a arte de se render à incerteza, ao fracasso e à imperfeição. Combinando o melhor dos dois mundos, curei minha saúde mental, melhorei meu estado de espírito e reativei minha motivação.

O pensamento positivo, então, me deu poder para aprimorar todas as áreas da minha vida. Sentindo-me mais confiante no trabalho, ajudei a idealizar múltiplas empresas e organizações sem fins lucrativos em todo o mundo. Estava mais positiva sobre as pessoas da minha vida e, por isso, minhas relações floresceram. E eu me sentia digna e capaz de construir uma vida equilibrada e saudável, então construí (e construo) ... apesar das tensões do mundo moderno.

Hoje, o conhecimento e as práticas que usei para construir um mindset positivo são a base da minha prática de coach para a vida, a Totalidade Radiante (*Radiant Wholeness*). E, neste livro, estou compartilhando essas ferramentas com você. Você começará entendendo o que é o pensamento positivo, e o que não é. Com este entendimento, avaliará seu nível de positividade atual e estabelecerá metas concretas sobre como alavancar o pensamento positivo para melhorar sua vida. Com isso, mergulharemos em uma "academia interna", onde vou treiná-lo para desenvolver novos músculos de mindset. Você aprenderá como superar o estresse e vencer os padrões negativos do cérebro. Também entenderá os três elementos de cada experiência que sempre poderá controlar, a fim de criar um resultado mais positivo.

Depois disso, aprenderá a projetar sua vida de modo que naturalmente crie experiências positivas todos os dias. Você definirá seus valores únicos, entenderá como vivê-los e praticará estratégias concretas que evitam a armadilha da comparação e nos ajudam a viver com autoaceitação. A partir desta base sólida, você será treinado sobre como usar o mindset positivo para se colocar em movimento e alcançar seus objetivos. Dominará habilidades de alto nível para permanecer positivo ao enfrentar a incerteza, abandonar o perfeccionismo e manter a motivação para continuar trabalhando duro. Finalmente, você garantirá seu sucesso. Aprenderá estratégias para o autocuidado e como usar o mindfulness, a autocompaixão e o estabelecimento de limites para dar base ao pensamento positivo. Você entenderá como se tornar, consistentemente, a melhor versão de si mesmo e como aproveitar essa jornada, mesmo quando parecer que o mundo ao seu redor está desmoronando.

Este livro é inspirador, mas também é prático. Toda técnica que compartilho com você é baseada em pesquisa, e cada capítulo se desenvolve sobre os conhecimentos e as habilidades estabelecidos no capítulo anterior. Você desfrutará o pensamento positivo, medindo seu progresso ao longo do caminho e mudando sua vida e seu mundo — para sempre. Xô negatividade!

"O progresso é impossível
sem mudanças,
e aqueles que não conseguem
mudar suas mentes
não conseguem mudar nada."

– GEORGE BERNARD SHAW

CAPÍTULO UM

# Estabelecendo sua atitude mental positiva

Desde os tempos de Aristóteles, as pessoas têm se esforçado para conquistar mentes saudáveis, concentrando-se em qualidades positivas, como força, esperança, otimismo, coragem e capacidade para *insights* significativos. Mas muitos de nós ainda lutam para manter a positividade no dia a dia. Há duas razões principais para isto: primeiro, um mal-entendido sobre o que é o pensamento positivo, e segundo, a falta de uma abordagem sistemática. As ideias são mais fáceis de vender quando são simples e, por isso, conforme o movimento do pensamento positivo (*positive thinking*) se tornou popular, muitos se depararam com o profundo, e às vezes difícil, trabalho interno necessário para criar e manter uma mentalidade positiva. Isto inclui reconhecer o importante lugar que pensamentos e experiências negativas ocupam na criação de uma vida positiva. O pensamento positivo é uma habilidade que pode ser dominada, como jardinagem ou aprendizagem de uma nova língua. Mas ele exige um compromisso e um plano. Você precisa estar disposto todos os dias, consciente do funcionamento de seu mundo interior, onde você aprende o básico e depois evolui para habilidades e aplicações complexas.

Este capítulo irá prepará-lo para uma jornada mais sólida para a positividade de uma forma como você jamais experimentou antes. Você ganhará uma nova compreensão do que o pensamento positivo implica e aprenderá sobre as últimas pesquisas que mostram como a positividade permite transformar seu bem-estar, carreira e relacionamentos. Você também criará metas personalizadas de como aplicar as habilidades de pensamento positivo deste livro para melhorar sua vida e para medir o sucesso do trabalho que você está realizando de maneira concreta.

## COMO VOCÊ CHEGOU AQUI?

Quantas vezes você já tentou se tornar "uma pessoa mais positiva", mas se viu de volta ao mesmo ciclo, repetindo a mesma negatividade de que prometeu desistir? Bem, você não está sozinho! A maioria das pessoas luta para fazer mudanças positivas duradouras em suas vidas. Apenas oito por cento delas realmente se mantêm às resoluções de Ano Novo, por exemplo. Isso acontece porque fazer mudanças envolve ambiguidade, e o cérebro tenta evitar a ambiguidade a todo custo porque isso significa trabalhar mais para dar conta dos diferentes resultados possíveis. Em vez disso, o cérebro adora experiências que já são conhecidas, incluindo os pensamentos negativos com os quais está acostumado, e evita qualquer coisa "nova", como as perspectivas positivas que você está tentando adotar, porque é preciso mais esforço cognitivo para incorporá-las. Mas o cérebro não faz isso porque simplesmente não gosta de mudanças. Ele faz isso porque está tentando maximizar a própria eficiência, e pode ser bastante ineficiente adquirir novas informações. Mas com um pouco de persuasão, e um pouco de estímulo, seu cérebro *pode* se adaptar e ajudá-lo a tornar as mudanças de comportamento duradouras.

Por exemplo, você pode querer desenvolver uma imagem corporal positiva, mas a menos que já esteja acostumado a praticar aceitação com as imperfeições de seu corpo, o cérebro não apoiará facilmente este objetivo sem um treinamento extra. Sua aversão à ambiguidade rejeitará a vulnerável e desconhecida experiência de um diálogo positivo com você mesmo no espelho e tentará impedi-lo, enviando todos os tipos de pensamentos e emoções negativos já bem conhecidos, como "isto não vai funcionar", ou "comece amanhã, não hoje". Mas há muitas coisas que você pode fazer para superar os padrões de seu cérebro contra a ambiguidade a fim de sustentar mudanças positivas. O primeiro passo é deixar clara a *razão* de estar fazendo isso.

Por que você escolheu este livro? Em geral, conheço quatro razões primárias, ou algo próximo a elas, que motivam as pessoas a pensar mais positivamente. As pessoas querem (1) ficar motivadas, (2) superar sentimentos ruins, (3) aliviar o estresse ou (4) viver uma vida melhor.

## Buscando a motivação

Não há nada pior do que sonhar grande, mas não ter nenhuma energia ou desejo de perseguir esses sonhos no dia a dia. O pensamento negativo é frequentemente responsável por esta falta de motivação: se você está sempre pensando em como seu dia será difícil, ou preocupando-se em como você vai estragar as coisas, então, sejamos sinceros, ficar na cama assistindo Netflix parece melhor do que ir atrás dos seus sonhos. Em outras palavras, a realização de objetivos pode ser difícil quando você está atolado em pensamentos negativos e não tem a motivação para começar ou recomeçar de onde parou. Mas o pensamento positivo quebra o ciclo da negatividade e pode ser o impulso que você precisa para dar o primeiro passo. Ele também o faz lembrar que você é corajoso e competente o suficiente para dar pequenos passos em seus objetivos todos os dias. Quando sua mente espera coisas boas como consequência dos seus esforços, como uma promoção, uma deliciosa refeição ou um encontro divertido, ela faz o sangue bombear e o entusiasmo fluir e você se sente naturalmente motivado a agir.

## Sentindo-se deprimido

Se você está se sentindo deprimido, a vida pode ser muito sombria e complicada, tornando-se difícil fazer qualquer coisa que seja, que dirá sentir-se positivo em relação a si mesmo ou sobre suas circunstâncias. Uma pesquisa do *Scandinavian journal of psychology*, mostra que interpretações negativas das experiências levam a opiniões negativas sobre você mesmo e o mundo, e que as pessoas que têm mais pensamentos negativos automáticos são vulneráveis à depressão. É por isso que o pensamento positivo é uma intervenção poderosa para melhorar seu humor e superar a depressão.

De fato, de acordo com uma pesquisa publicada na *Clinical practice & epidemiology in mental health*, o pensamento positivo auxilia com a depressão, aumentando as emoções positivas e ajudando compassivamente as pessoas a lidar com suas emoções negativas.

## Aliviando o estresse

Outra razão pela qual você pode se sentir atraído pelo pensamento positivo são seus efeitos antiestresse. No mundo moderno, é impossível evitar falhas de computador, pneus furados, voos cancelados, relacionamentos difíceis ou transições de vida. Essas experiências podem desencadear sintomas psicológicos e fisiológicos estressantes, tais como sobrecarga e desconexão emocional, ou questões somáticas, como palmas das mãos suadas, dores no peito e problemas digestivos, tudo isso combinado a circunstâncias desafiadoras.

No entanto, as pesquisas mostram que não são os sintomas em si, mas como reagimos a eles que determina nosso nível de estresse. Em seu livro *Stress, appraisal, and coping*, os psicólogos Richard Lazarus e Susan Folkman compilam duas décadas de pesquisa, demonstrando que a forma como percebemos um evento na vida — como ameaçador, neutro-positivo ou irrelevante — é diferente de pessoa para pessoa e contribui para as enormes diferenças que temos ao lidar com essas experiências.

Quando seu voo é cancelado, habilidades de pensamento positivo o ajudam a ressignificar essa experiência, tendo em mente pelo que você é grato, como lidará com isso e como superou circunstâncias semelhantes no passado. Seja sua carreira, seu deslocamento diário ou seu filho hiperativo que está lhe causando angústia, cultivar emoções positivas como alegria e diversão reduz o estresse de forma significativa.

## Buscando algo melhor

Por último, talvez você esteja procurando construir uma carreira de sucesso, relacionamentos amorosos, amizades autênticas, estilo de vida saudável ou segurança financeira. Seja o que for, provavelmente está desejando algo mais de sua vida. Um estudo de 2018 realizado pela organização Cigna mostrou que 43 por cento dos americanos sentem que suas relações não são significativas e que estão isolados dos outros. Outro estudo, realizado pela Ipsos, no mesmo ano, indicou que oitenta por cento dos entrevistados estão insatisfeitos com seus corpos. Além disso, a associação de pesquisa The Conference Board informou que apenas 51 por cento dos americanos estão satisfeitos com seus empregos.

Felizmente, vários estudos mostraram que o pensamento positivo está correlacionado com um maior sucesso em muitas áreas de nossas vidas, incluindo relações, carreiras e autoimagem. Se você quiser subir de nível, ter pensamentos positivos e de autoafirmação reforçarão seus sentimentos de autovalorização, tornando-o mais propenso a esperar resultados positivos e, consequentemente, mais propenso a alcançá-los. Quando as coisas ficam difíceis, o pensamento positivo o torna mais resiliente, ajudando-o a se concentrar em encontrar soluções.

## FAÇA ISTO: O QUE VOCÊ ESTÁ PROCURANDO?

Você pode não saber para onde este livro o está levando (ainda) e pode se sentir desconfortável com alguns dos exercícios desafiadores que proponho nos próximos capítulos. Por causa da tendência do cérebro de evitar ambiguidade, você será tentado a deixar este livro de lado e frustrar seu progresso no caminho da positividade. Porém, se você souber por que a positividade é importante para você, será muito mais provável que mantenha o curso e obtenha os resultados desejados.

Tire um momento para esclarecer o seu "porquê". É importante que você anote suas respostas, e não apenas passe por elas como um exercício mental. Isso irá acalmar seus pensamentos, e fará com que se lembre melhor de sua reflexão. Eu recomendo que você utilize um caderno ou diário especial, dedicado exclusivamente ao seu caminho para a positividade. Este é o primeiro de muitos exercícios em que você será convidado a ser mais introspectivo, e será útil manter todos os seus pensamentos e *insights* em um só lugar, onde possa consultá-los quando precisar, e documentar seu progresso ao longo do tempo.

Comece respondendo as seguintes perguntas:

- O que o levou a escolher este livro? O que você estava pensando quando decidiu começá-lo?
- Como você acha que sua vida pode melhorar ao praticar regularmente o pensamento positivo?
- Como você pode se beneficiar do uso de habilidades positivas para se motivar, superar a depressão e vencer o estresse?

- Quem você conhece que já pensa positivo, o que admira nele/nela ou o que valoriza quando está em sua companhia?
- Que habilidades, especificamente, você está procurando cultivar?
- Como você quer ser, sentir-se ou mudar até o fim deste livro?

Depois de ter respondido a todas as perguntas, faça um resumo de seus *insights* em uma declaração de "por que".

**Declaração de "por que":** "Estou comprometido com o caminho da positividade porque ..."

Lembre-se, essa declaração é fundamental para manter seu progresso. Sempre que o caminho para a positividade se tornar desafiador e você precisar recuperar a perspectiva em sua prática de pensamento positivo, o primeiro passo será voltar a esse momento e revisitar seu "porquê".

## AFINAL, O QUE É PENSAMENTO POSITIVO?

Algumas pessoas equiparam o pensamento positivo a um otimismo incessante. Outras acreditam que se trata de um tipo de fuga, em que pensamentos e situações desagradáveis são negados e reprimidos até desaparecerem. Essas definições são, não só, imprecisas, como também dão ao pensamento positivo uma reputação ruim porque dispensam a negatividade embutida em cada experiência humana. Encontramos uma definição muito melhor com a pesquisadora Barbara Fredrickson, que descreve a positividade como experiências profundas de amor, alegria, divertimento, gratidão e esperança que são acompanhadas por atitudes e significados otimistas e por "mente aberta, coração terno, membros relaxados, e expressões tranquilas que ela traz". Os estudos de Fredrickson mostram que experiências positivas ajudam a desenvolver soluções, tais como resiliência e relações significativas, que duram muito mais do que um sorriso.

Para fins práticos, este livro define o pensamento positivo como uma forma de perceber a si mesmo e as situações que fazem com que você se sinta confiante e cuidado. Vamos mergulhar nos principais elementos do pensamento positivo e entender como eles contribuem para seu bem-estar.

## Mudando o seu estado de espírito

Ser dispensado de um emprego é um sinal de que você é incompetente ou é apenas algo natural da vida? Ir à academia é uma tarefa incômoda ou um ato de autocuidado? Tudo depende de seu estado de espírito. Além disso, a maneira que você escolhe pensar sobre essas experiências impacta como se sente e como se comporta no dia a dia. O pensamento positivo o convida a escolher uma perspectiva que lhe dará poder para continuar a perseguir seus objetivos. Quando você é dispensado de um emprego, entender-se como um perdedor ou pensar que a vida não é justa faz com que se sinta zangado e reduz sua confiança, o que diminui sua motivação na busca de outro emprego. O pensamento positivo muda esse estado de espírito para que você aprenda com a experiência e continue sua busca com otimismo.

**Regra n. 1 do pensamento positivo:**
Adote uma perspectiva benéfica e esperançosa.

## Desafiando e reestruturando seus pensamentos

Como discutido anteriormente, pensamentos negativos são uma maneira fácil do cérebro administrar a ambiguidade, pois a negatividade, especialmente se você é propenso a pensamentos desse tipo, requer menos energia mental. Mas reconhecer, desafiar e reestruturar os pensamentos negativos, embora seja mentalmente mais cansativo e resistente, é o caminho para fazer mudanças importantes em sua maneira de pensar.

Quando você perceber um pensamento negativo, pergunte-se se este pensamento é realmente verdadeiro. Por exemplo, se você está se sentindo socialmente ansioso no caminho para a festa de um amigo, pode ser que esteja associando pensamentos negativos a uma experiência passada, e dizendo a si mesmo: "Sou péssimo em conversar com estranhos". O pensamento positivo o instrui a desafiar esses pensamentos negativos, perguntando-se: "Isso é realmente verdade? Há momentos em que sou bom em conversar? O que as pessoas gostam de falar comigo?". Isto é conhecido como uma "pergunta de exceção" — quais são as exceções aos seus pensamentos negativos, em que momento esse pensamento negativo não foi verdadeiro?

Quando você desafia seus pensamentos negativos, desenvolve uma perspectiva mais realista sobre sua situação. E apenas dizer o pensamento para si mesmo ou, melhor ainda, escrevê-lo no papel, vai realmente ajudar a assimilá-lo. Com isso, você pode reestruturar seus pensamentos para se sentir mais confiante, como: "Eu geralmente encontro uma pessoa com quem converso sobre música, por isso tenho esperança de que acontecerá hoje também".

**Regra n. 2 do pensamento positivo:**
Desafie a veracidade de seus pensamentos negativos e reestruture-os para empoderar a si mesmo.

## Não fale assim de você mesmo!

A filha de Kristie, minha cliente, ficou doente e foi hospitalizada por duas semanas. Kristie estava se culpando e sentindo-se desapontada consigo mesma, pensando: "O que eu fiz de errado? Por que eu me tornei mãe? Claramente não estou à altura desta tarefa. Estou prejudicando esta criança".

Esse é um grande exemplo de diálogo interno negativo. Perguntei a Kristie como falaria com sua melhor amiga se ela estivesse nesta situação, e ela disse: "Eu lhe diria que lamento que esteja passando por essa situação assustadora, que todas as mães cometem um milhão de erros, e que eu sei que ela vai superar isso". Então motivei Kristie para falar com ela mesma nesse tom piedoso — isso é um diálogo interno positivo. Muitas vezes, você é seu crítico mais severo. O pensamento positivo o usa para se concentrar em seus pontos fortes e bondosamente resolver seus pontos fracos.

> **Regra n. 3 do pensamento positivo:**
> Fale com você mesmo da maneira como falaria com seu melhor amigo.

## Está tudo bem em ser infeliz

Simplificando, não é apenas irrealista evitar a infelicidade, é completamente inútil. E, muitas vezes, quanto mais você tenta evitar algo, mais difícil passa a ser ignorá-lo. Portanto, se você está constantemente discutindo com seu cônjuge, ou se você se sente pouco valorizado pelo seu chefe crítico, precisa cuidar dessas experiências emocionais negativas e dar atenção especial a elas. Não as ignore ou finja que tudo está bem. Muitas vezes, sentimentos negativos emergem quando uma de suas necessidades essenciais não é atendida, como segurança, amor ou descanso. O pensamento positivo impede que você se julgue ou julgue outra pessoa e conduz sua mente para a solução de problemas, perguntando-se: "o que eu preciso para percorrer melhor essa situação?" ou "como posso me incentivar através dessa experiência desafiadora?".

> **Regra n. 4 do pensamento positivo:**
> Aborde suas emoções negativas com curiosidade, bravura e bondade.

## FAÇA ISTO: AVALIE SUA POSITIVIDADE

A positividade envolve assumir o compromisso de ver o bom em você e nos outros, assumir a responsabilidade pelo seu bem-estar e ficar cara a cara com a negatividade, a incerteza e o desconforto. Você vai aprender a usar o pensamento positivo para cumprir todos esses compromissos ao longo deste livro, mas é bom fazer o balanço de em que ponto atualmente você está no caminho da positividade.

Por favor, pontue cada item de 1 a 10, com base em como cada uma das declarações são verdadeiras para você, sendo 1 a pontuação mais baixa e 10 a mais alta. Em seguida, calcule sua pontuação de positividade, somando suas respostas.

1. Eu gosto de mim mesmo, aprecio meus pontos fortes e aceito minhas imperfeições.
2. Minha rotina e meus objetivos são muito gratificantes porque eles estão alinhados aos meus valores essenciais.
3. Assumo a responsabilidade das minhas relações com as experiências, trabalhando meus pensamentos, emoções e comportamentos.
4. Eu transformo experiências positivas em recursos de longo prazo. Quando coisas boas acontecem, eu proativamente reservo um tempo para apreciar, nutrir, enriquecer e compartilhar essas experiências.
5. Eu me cerco de pessoas que acreditam na gentileza, gratidão e positividade, e cultivo relações profundas e significativas com elas.
6. Quando experimento emoções negativas, faço uma pausa antes de reagir, abordando meus pensamentos e sentimentos com curiosidade, compaixão e autocuidado.
7. Eu nunca evito desconforto ou incerteza; sei que sou resiliente o suficiente para superar quaisquer circunstâncias que me deparo.
8. Quando me sinto perdido ou confuso, conecto-me à inteligência intuitiva de minha sabedoria pessoal e honro sua orientação.
9. Quando falho, sempre procuro o crescimento e a aprendizagem da minha experiência, e então continuo avançando em direção aos meus objetivos.

**10.** No dia a dia, eu espero coisas boas e me sinto otimista sobre minha vida.

**Minha pontuação de positividade:** _____ /100%

Sei que esta pontuação parece uma nota que você obteria após uma prova no ensino médio, mas a positividade não é uma experiência avaliativa. Entenda este teste como uma simples placa de sinalização, mostrando-lhe onde estão seus pontos fortes da positividade e onde você mais se beneficiará aprendendo novas habilidades — e sua primeira oportunidade de colocar o pensamento positivo em prática.

Nas áreas em que você não obteve uma pontuação desejável, conseguiria conversar com você mesmo da maneira que falaria com seu melhor amigo, com um tom encorajador? Você consegue praticar ter esperança em sua capacidade de melhorar nessas áreas? Você consegue se aproximar de qualquer emoção negativa que esteja sentindo com curiosidade e gentileza, perguntando-se como pode se incentivar para superar esta decepção e melhorar no futuro? À medida que você progredir neste livro, receberá muito mais informações e ferramentas sobre como cultivar essas perspectivas positivas, mas por enquanto faça apenas o melhor que puder.

## O QUE NÃO É O PENSAMENTO POSITIVO

Algumas pessoas são céticas em relação ao pensamento positivo porque o veem mais como uma "síndrome de Poliana" da vida "real" do que como uma ferramenta comprovada para aproveitar ao máximo todas as circunstâncias que a vida oferece. A seguir, vamos desfazer os principais equívocos do pensamento positivo.

**O pensamento positivo não é "fingir até conseguir".** Se você está tendo um dia difícil, não há necessidade de fingir um sorriso. Apenas tente não ser sugado para a autopiedade porque isso não o ajudará a sentir-se melhor. O pensamento positivo mantém você concentrado no autocuidado e nas soluções.

**O pensamento positivo não é ignorar a realidade.** Se seu objetivo é juntar 150 mil dólares até o fim do ano, e você só conseguiu 25 mil até novembro, não é necessário se forçar a acreditar que atingirá 100 mil dólares. O pensamento positivo lhe lembra que você teve muitas vitórias ao longo do caminho e o ajuda a aprender com seus defeitos para que possa avançar de forma construtiva.

**O pensamento positivo não é um exercício de uma única vez.** Você não pode pensar "Eu escolho amar a mim mesmo, de dentro para fora" uma vez e esperar nunca mais ter outro pensamento autocrítico. O pensamento positivo é uma prática.

**O pensamento positivo não é um substituto para a ação positiva.** Se seu objetivo é perder dez quilos, o pensamento positivo o ajudará a sentir-se motivado. Mas você ainda tem que ir à academia.

## POR QUE SE IMPORTAR?

Para muitos de nós, ter pensamentos negativos é tão simples quanto respirar — é fácil, automático, e nos faz sentir no controle. Como deve se lembrar, nosso cérebro odeia ambiguidade, por isso usa pensamentos negativos como a preocupação, o julgamento e a reclamação das coisas da vida para criar uma experiência temporária de conforto, fazendo você se sentir preparado para as inevitáveis decepções que o esperam. E da mesma forma que o cérebro não gosta de ambiguidade, ele adora a familiaridade. Talvez você esteja viciado em reclamar, a quem quer que ouça, sobre suas queixas diárias: o trabalho sem futuro, o colega que não cuida da própria vida ou as condições do trânsito. Estes pensamentos negativos são reconfortantes porque são familiares.

Além disso, quando você está lutando há muito tempo para se sentir bem consigo mesmo ou progredir em seus objetivos, o pensamento positivo pode parecer um voto de confiança ridículo. Passar de "não vou melhorar nisto" para "vou tentar mais uma vez" requer uma coragem tremenda porque você pode, de fato, falhar novamente.

Portanto, se a negatividade é mais fácil e muitas vezes mais reconfortante do que a positividade, por que passar por todo esse esforço para treinar seu cérebro a pensar diferente? Bem, imagine se você ouvisse falar de um novo medicamento que não só mantém seu sistema imunológico forte, mas também faz você experimentar mais alegria, lhe dá mais energia e o ajuda a desfrutar mais das pessoas e das circunstâncias ao seu redor. Você correria para a farmácia mais próxima, não é?

Está cientificamente comprovado que o pensamento positivo tem todos estes benefícios, e é o melhor suplemento que conheço para viver uma vida plena, bem-sucedida e de bem-estar físico e mental. E como não é um comprimido, não é necessária nenhuma prescrição médica.

## Melhor saúde mental

Como discutimos anteriormente, o pensamento positivo pode ajudá-lo a se desestressar, superar a depressão e aumentar sua motivação. Além disso, pesquisas demonstram que as pessoas que têm um mindset positivo, aquelas que têm confiança em si mesmas e enxergam o mundo positivamente, são mais resilientes em momentos desafiadores e estão mais motivadas a se recuperar do fracasso. Um estudo de 2011 no *Journal of counseling psychology* mostrou que estudantes universitários que tinham "cognições" (pensamentos) mais positivas relataram níveis significativamente mais altos de satisfação com a vida, menores níveis de depressão e níveis mais altos de resiliência.

Intervenções de pensamento positivo na saúde mental mostram, de forma consistente, resultados positivos também. Um estudo de 2015, por exemplo, publicado na *Clinical psychological science*, mostrou que quando pessoas que lutam com a ansiedade foram ensinadas a pensar em suas preocupações de maneiras mais positivas, os pensamentos intrusivos diminuíram e a ansiedade melhorou.

## Melhores resultados em saúde física

A positividade não é apenas um remédio para sua mente; ela também oferece benefícios para sua saúde. Um artigo de 2016 da *American journal of lifestyle medicine* mostra que o pensamento positivo fortalece o sistema imunológico, diminui a pressão sanguínea e aumenta a tolerância à dor. Indivíduos com uma atitude positiva são menos prováveis, em relação àqueles com atitudes negativas, de sofrerem um ataque cardíaco ou pegar um resfriado. E aqueles que pensam positivo, como um todo, ganham uma média de oito anos de expectativa de vida — mais tempo para desfrutar da vida e seguir seus sonhos.

Mesmo quando você fica doente, o pensamento positivo ajuda na cura. Por exemplo, um estudo de 2014 da Universidade da Califórnia, em São Francisco, demonstrou que os pacientes com HIV que praticam o pensando positivo não só carregam um nível inferior do vírus, mas também são mais propensos a tomar seus medicamentos corretamente e menos propensos a precisar de antidepressivos para lidar com a situação.

## Esforce-se mais, alcance mais

Quando os cientistas estudaram a respeito das conquistas acadêmicas na faculdade, qual você acha que foi o fator mais importante para conseguir boas notas? Inteligência, personalidade, realizações acadêmicas anteriores? Não. As descobertas, publicadas em 2010 no *Journal of research in personality*, demonstram que o indicador mais forte de realização acadêmica é um pensamento esperançoso e positivo. Os estudantes que esperavam resultados positivos como fruto de seus planejamentos e esforços conseguiram, de fato, os melhores resultados.

A positividade também permite que você alcance mais após a graduação. Do desempenho no trabalho aos números de vendas e níveis de renda, vários estudos mostram que as pessoas positivas se esforçam e alcançam mais do que suas contrapartidas negativas. Os bonzinhos podem ser passados para trás, mas os positivos estão prosperando em nossa sociedade.

## Melhorar e manter as relações

O pensamento positivo também é um elixir para as relações. Otimistas, por exemplo, sentem-se mais satisfeitos em seus relacionamentos. Um estudo de 2006 de casais que namoravam, publicado no *Journal of personality and social psychology*, descobriu que aqueles que pensam positivo são mais prováveis a interpretar de forma positiva os comportamentos e intenções de seus parceiros e entender melhor como o relacionamento (mesmo com seus altos e baixos) contribui para seus objetivos pessoais e seu crescimento. Os parceiros dos otimistas também relatam uma maior satisfação no relacionamento, indicando que os benefícios do otimismo não estão apenas "na cabeça" dos otimistas.

O mesmo estudo também mostrou que a positividade nos torna melhores em gerir conflitos em nossos relacionamentos românticos e outros. Por exemplo, tanto aqueles que pensam positivo quanto seus parceiros se veem de forma mais construtiva durante o conflito, o que, por sua vez, leva ambos a sentirem que tal situação está mais bem resolvida.

Não é surpresa, que depois de um ano de acompanhamento do estudo, os otimistas eram mais prováveis de estar em seu relacionamento.

## FAÇA ISTO: ESTABELEÇA SEUS OBJETIVOS

Como você pode ver, o pensamento positivo ajuda a criar uma mudança positiva em sua saúde mental, seu bem-estar físico, seus relacionamentos e seu sucesso profissional. É uma ferramenta prática que possibilita satisfação e evolução em muitas áreas de sua vida. No entanto, à medida que você for percorrendo este livro (na primeira lida, de qualquer forma), eu gostaria que escolhesse uma área específica de sua vida para tentar transformar através do pensamento positivo.

Comecei a aprender hindu um ano antes de me casar porque eu queria me comunicar com os seiscentos convidados do meu casamento indiano. Com tempo limitado em nossas mãos, meu professor e eu desenvolvemos um plano brilhante: concentramo-nos exclusivamente na prática dos tipos de conversas que eu teria com meus sogros e convidados do casamento (em vez de como pedir o jantar em um restaurante ou orientações a um estranho). Esta abordagem foi decisiva para o sucesso, pois deixava claro o porquê de eu estar aprendendo hindu, e a forma como me concentrava em meus esforços. Consegui manter uma conversa coerente com cada convidado! Isso aumentou a confiança nas minhas habilidades linguísticas, o que me encorajou a continuar aprendendo o idioma para outros contextos também.

Da mesma forma, quando você escolhe uma área específica de sua vida para aplicar suas habilidades de pensamento positivo, isso lhe incentiva a manter-se concentrado e medir claramente o impacto do que está aprendendo neste livro. A positividade inevitavelmente transbordará para outras áreas de sua vida, mas para auxiliar melhor o seu progresso, comece com um objetivo claro e focado para sua prática de pensamento positivo.

Comece fazendo um *brainstorm* sobre qual objetivo você gostaria de estabelecer, respondendo as seguintes perguntas:

1. Suponha que esta noite, enquanto dorme, ocorra um milagre, e você acorde amanhã para uma vida que ama absolutamente. O que mudou? Inclua detalhes específicos sobre como estarão as suas relações, assim como sua saúde, sua carreira, seu estilo de vida, sua autoimagem etc.
2. De todas as mudanças que você descreveu na pergunta um, qual delas é a mais importante para você neste momento? Que transformação criaria a mudança mais positiva em seu bem-estar geral? Para uma clareza desse exercício, chamaremos isto de seu "marco".
3. Transforme seu marco em uma ação realista e motivadora que você pode realizar de forma viável nos próximos três a seis meses. Isto pode envolver dividir um objetivo de vida em marcos menores. Por exemplo, em vez de "fazer novos amigos", você pode escrever "conhecer três novas pessoas com interesses em comum".

Quando se pensa em criar objetivos para si mesmo, pode ser útil desenvolver metas SMART. Em inglês, o acrônimo SMART divide um objetivo em cinco categorias distintas que ajudam a defini-lo e cria um modelo de como alcançá-lo:

- **S**pecific (específico) — Certifique-se de que o objetivo é específico e não excessivamente amplo (por exemplo: "quero cozinhar mais em casa a fim de economizar dinheiro").
- **M**easurable (Mensurável) — Você deve ser capaz de medir seu progresso (por exemplo: "quero cozinhar quatro jantares por semana em casa").
- **A**chievable (Alcançável) — O objetivo deve estar ao seu alcance. Não o torne excessivamente ambicioso e, portanto, difícil de realizar (por exemplo: "estou em casa quatro ou cinco noites por semana. Portanto, cozinhar em casa quatro noites por semana é possível").
- **R**elevant (Relevante) — O objetivo deve ser aplicável à sua vida e fazer sentido em sua situação atual (por exemplo: "eu gostaria de cozinhar o jantar em casa quatro noites por semana porque quero economizar dinheiro e perder peso. Quando como em casa, geralmente é mais barato e mais saudável do que comer fora").
- **T**ime-bound (Limitado) — O objetivo não deve ser indefinido. Em vez disso, ele deve ser por um tempo limitado, para que possa ser realmente realizado (por exemplo: "quero fazer o jantar em casa quatro noites por semana no próximo mês").

Tente formular um objetivo à sua escolha, preenchendo as lacunas da frase a seguir em seu diário. Note que estamos tornando este objetivo tão tangível e mensurável quanto possível de modo que seja fácil avaliar seu progresso e permanecer focado no caminho para a positividade.

Meu objetivo é usar a habilidade de pensamento positivo para __________ (marco) __________ até __________ (data) __________. Eu irei medir meu progresso a cada semana por __________ (indicador quantificável do progresso) __________.

Aqui estão alguns exemplos:

*Meu objetivo é usar a habilidade de pensamento positivo para aumentar minha autoestima até 1º de abril deste ano. Vou medir meu progresso a cada semana utilizando a Escala de Autoestima de Rosenberg.*

*Meu objetivo é usar a habilidade de pensamento positivo para ser mais honesta com meu marido até 15 de novembro deste ano. Vou medir meu progresso a cada semana pelo número de vezes que minto ou retenho meus verdadeiros sentimentos.*

## MUDANDO

Para criar uma transformação sólida, você precisa de duas coisas: a vontade e o caminho. Você já começou a cultivar a "vontade" definindo por que está aqui e quais são seus objetivos. Ao iniciarmos este processo, será solicitado que você pratique habilidades de pensamento positivo, como perdoar alguém que o prejudicou ou enfrentar seus maiores medos. Você nem sempre terá vontade de fazer estes exercícios porque, apesar de lhe ajudarem a crescer a longo prazo, eles criam desconforto a curto prazo. Entretanto, se você continuar retornando aos seus objetivos e à razão pela qual escolheu este livro, aumentará a vontade de vencer estes desafios.

O outro aspecto do progresso sólido é o "caminho": conhecer exatamente quais são os passos a serem tomados e como tomá-los em ordem a atingir seus objetivos. Esclarecerei estes detalhes nos próximos capítulos, mas antes de mergulharmos, quero apresentar três elementos para maximizar seus resultados.

### Mantenha-se no presente

O método mais comum de sabotar o sucesso futuro é ficar preso ao passado. Meu cliente Dan tinha começado — e desistido de — pelo menos quinze dietas diferentes antes de nos conhecermos. Dan me pediu para ser sua "coach de prestação de contas", verificando com ele três vezes ao dia sobre suas refeições, para que sentisse a pressão de se manter no caminho certo. Eu não me oporia, no entanto, porque sabia que quando nós parássemos de trabalhar juntos, ele voltaria aos seus velhos hábitos. A longo prazo, o único coach de responsabilidade que você ouvirá é o que está em sua cabeça. Dan precisava perdoar a si mesmo por seu passado e aprender que tipo de pensamentos e emoções negativas o influenciavam a comer de formas não compatíveis com seus objetivos. Ele também precisava entender como ser benevolente com ele mesmo, para que quando escorregasse, não se condenasse e abandonasse a missão, mas sim aprendesse com seus erros e se concentrasse novamente em seu objetivo. Estas habilidades de pensamento positivo capacitaram Dan para finalmente manter o controle de sua mente e manter sua nova dieta.

Da mesma forma, não importa qual seja seu histórico de mudança, encare os objetivos que você estabeleceu neste livro como uma folha em branco. De acordo com um artigo de 2019 da *Harvard health publishing*, as estratégias menos eficazes para uma mudança de comportamento duradoura são aquelas baseadas em medos e decepções, enquanto as mais bem-sucedidas são automotivadas e enraizadas no pensamento positivo. Seu sucesso, portanto, depende de manter a mente em seus objetivos futuros e confiar nas ferramentas comprovadas que forneço neste livro para recalibrar seu pensamento para a vitória.

## Assuma o desafio

Então, você escolheu deixar o passado para trás, mas e se escorregar no presente? Digamos que você estabeleceu o objetivo de aplicar o pensamento positivo para melhorar seu relacionamento com sua mãe. Então, ela liga para você, resmunga por vinte minutos, e pimba! Você está consumido por pensamentos negativos sobre ela e desliga o telefone.

Como você deve lidar com esta falha? Primeiro, reconheça com honestidade e aceite a responsabilidade por sua experiência. Segundo, lembre-se que ninguém jamais criou qualquer coisa significativa sem desconforto substancial, falha e revisão. Na verdade, cada modelo de mudança de comportamento inclui falha como parte do processo, então se atrapalhar e perceber isso é um sinal de que está no processo de fazer mudanças. Finalmente, escolha enxergar este desafio como uma oportunidade para fazer melhor na próxima vez. Pergunte a si mesmo: “Que feedback posso tirar desse fracasso? O que precisa de mais atenção na próxima vez que eu tentar?”.

### Não perca o foco (mas tudo bem se você perder)

Criar positividade é como assar pão. Você mistura todos os ingredientes, coloca-os em um forno e deixa a massa crescer. As ferramentas que estou lhe dando neste livro são seus ingredientes, mas elas só se consolidarão em hábitos poderosos se você as assar com o calor de seu foco e compromisso intensos. O caminho da positividade se resume em prática. Eu lhe darei as habilidades e as instruções, mas você terá que aplicá-las todos os dias a fim de criar resultados. Portanto, decida agora mesmo que esta é sua prioridade para os próximos três meses e se comprometa a praticar as habilidades que está aprendendo aqui pelo menos uma vez por dia. Registre suas percepções e progresso diariamente e baixe um aplicativo para lembrá-lo de praticar o que está aprendendo. Lembre-se de que você falhará em algum momento e que haverá dias em que se sentirá distraído ou desanimado. Isso faz parte do crescimento, portanto, assim que você reconhecer isso, simplesmente retorne ao seu compromisso e reajuste seu foco em direção aos seus objetivos.

## SEU CAMINHO PARA A POSITIVIDADE

Estamos prestes a embarcar na mais capacitadora, inspiradora e transformadora jornada de sua vida. Como qualquer viagem, é sempre agradável conhecer seu itinerário antecipadamente, então aqui está uma prévia das paisagens milagrosas e dos pratos deliciosos que você vai experimentar nesta aventura.

### Seu cérebro na positividade

No capítulo 2, você aprenderá sobre a conexão entre seus pensamentos, seus sentimentos e suas ações, e entenderá como assumir a responsabilidade por suas experiências, elaborando, conscientemente, esses três elementos. Terá uma visão da pesquisa inovadora sobre neuroplasticidade (também conhecida como a ciência da transformação do cérebro) e entenderá por que os hábitos são a chave para a mudança bem-sucedida. Depois, irá adquirir técnicas para superar seus pensamentos negativos, praticando com várias ferramentas para abrir mão do passado e lidar com a decepção, a culpa e a vergonha. Este é um trabalho desafiador, mas as recompensas são incríveis. Você irá se sentir mais leve e capaz de lidar com as adversidades, e, o mais importante, terá um novo espaço em sua mente para acomodar os pensamentos positivos que irão emergir.

Finalmente, você aprenderá a cultivar e saborear estes pensamentos e emoções. As experiências diárias de alegria, esperança, curiosidade e apreciação não irão só ajudá-lo a se sentir melhor, mas elas também estimularão a saúde, a sabedoria e a coletividade, que o auxiliarão a cumprir suas metas de longo prazo.

## Vivendo seus valores

No capítulo 3, vamos além de seus pensamentos e emoções momentâneos para olhar para sua vida como um todo. Em qualquer circunstância, você pode cultivar proativamente a positividade, trabalhando com seus pensamentos, seus sentimentos e suas ações, mas também é possível ir no sentido contrário, projetando uma vida que é tão gratificante e tão agradável que serve como uma fonte de experiências.

Você terá clareza sobre seus valores pessoais e usará esses conhecimentos para projetar o que eu chamo de "objetivos com alma", ou mudanças em seus relacionamentos, carreira e estilo de vida que o farão sentir a sensação de propósito e conexão a cada dia. Então, ancorado na segurança e na importância de seus valores, você aprenderá a lidar com o desconforto, superar a armadilha da comparação e perdoar a si mesmo por seus erros.

## Tomando medidas

É claro, mesmo quando você está vivendo em alinhamento com seus valores, ainda enfrentará desafios no caminho de seus objetivos. Irá descuidar-se, esquecer sua prática diária ou receber uma promoção que você não se sente qualificado para aceitar. Você fará uma proposta para a casa dos seus sonhos que será recusada ou sairá com uma pessoa durante meses sem saber se ela é "a tal". É nesse momento que a maioria das pessoas perde sua motivação, faz as malas e retorna ao *status quo* e às formas negativas de pensar. Mas não você, meu corajoso leitor.

No capítulo 4, você aprenderá as habilidades de pensamento positivo que irão mantê-lo motivado a seguir em frente. Aprenderá como lidar com a imperfeição, enfrentar seus medos, abrir-se para incerteza e superar a procrastinação. Também ativará sua Mente Sábia, que é a sabedoria intuitiva que pode lhe ajudar a percorrer as decisões difíceis e circunstâncias esmagadoras. Irei compartilhar também algumas informações sobre as pesquisas mais recentes em relação ao estabelecimento efetivo de metas e acompanhamento do progresso.

## Nutrindo a positividade

Quando você chegar ao capítulo 5, entenderá como ativar a positividade trabalhando com seus pensamentos, sentimentos e ações, bem como cultivar o significado e a realização através de uma vida guiada por valores. Esse último capítulo lhe fornecerá as estratégias para manter e reforçar estas conquistas positivas para que você possa continuar no caminho mesmo depois de concluir este livro pela última vez.

Você aprenderá a dizer não e a estabelecer limites com pessoas e situações que drenam sua energia e desencorajam sua positividade. Ainda mais importante, você cultivará relações positivas construídas sobre a bondade e a gratidão. Essas relações alimentarão sua prática de positividade e proporcionarão o apoio de que você precisa quando os tempos se tornam difíceis. Finalmente, você desenvolverá rituais de mindfulness, autocuidado e compaixão para recarregar sua positividade quando sua energia estiver escassa, e elevará sua autoestima para enfrentar os desafios ao longo de sua vida. Você sairá com confiança e capacidade de viver sua vida da melhor maneira.

## POSITIVIDADE NA PRÁTICA

Agora você estabeleceu as bases para sua transformação positiva. Sabe o que o pensamento positivo implica, como ele beneficiará sua vida, e como, especificamente, aplicará as ferramentas que está aprendendo neste livro para melhorar sua vida e seu bem-estar.

Está animado? Talvez um pouco nervoso? Inseguro? Não se preocupe! Estou aqui com você o tempo todo. Agora, vamos tentar colocar em praticar um dos aspectos críticos do pensamento positivo que discutimos neste capítulo: expectativas positivas.

1. Escreva o que espera que aconteça com você conforme começa a praticar as habilidades de pensamento positivo no contexto de seus objetivos. Faça uma lista das três primeiras coisas que aparecerem em sua mente. Não se obrigue a ter expectativas positivas. Basta anotar o que vier à mente.
2. Agora reveja as três expectativas que escreveu. Elas são expectativas positivas, negativas ou descrentes?
3. Fique curioso sobre suas expectativas negativas e descrentes. Sem julgamentos: basta ser inquisitivo sobre como sua mente funciona.

    Como essas expectativas negativas o fazem se sentir? Elas são úteis para você?

    Essas expectativas negativas são um resultado de experiências anteriores? Você está disposto a abandoná-las para poder seguir em frente?

    Essas expectativas negativas são baseadas em percepções negativas de si mesmo e de sua capacidade de mudar? Será que seu melhor amigo também pensaria dessa forma sobre você ou teria uma expectativa mais positiva que você poderia se espelhar?

    Que experiência você consegue se lembrar e usar como forma de desafiar suas expectativas negativas? Existem provas de que você pode ter mais esperança neste momento?

Mesmo que suas expectativas negativas se realizem, você se lembra das vezes que foi capaz de se recuperar e crescer a partir dessas situações?

4. Agora que você teve a chance de tentar aplicar pensamentos positivos em suas expectativas, reescreva suas novas expectativas. (Lembre-se, você não tem que ser "Poliana", apenas certifique-se de que contestou a validade de seus pensamentos negativos.)

"Você ganha força, coragem,
e confiança a cada experiência
na qual realmente se detém
para encarar o medo. Você é capaz
de dizer a si mesmo,
'Eu vivi este horror.
Posso dar conta da próxima
situação que aparecer'."

– ELEANOR ROOSEVELT

CAPÍTULO DOIS

# Seu cérebro na positividade

Em seu livro, *O cérebro e a felicidade*, o psicólogo Rick Hanson nos mostra que apenas um terço de nosso humor, talentos, temperamento e personalidade nos é transmitido por meio de nossos genes, e nós desenvolvemos os outros dois terços com o passar do tempo. Esta ciência convida você a mudar a maneira de pensar sobre sua vida: ela não é uma corrida a ser vencida ou um problema a ser resolvido, mas sim um projeto criativo de se tornar, dia após dia, a pessoa que você quer ser. Não importa se você nasceu com as qualidades que expressa ou não, você pode, através do poder de sua intenção e dedicação, criá-las com o tempo.

Este capítulo o acompanha por este processo criativo. O primeiro passo é aprender a trabalhar com seus pensamentos, emoções e comportamentos. Começaremos por aí, e então você colocará essas habilidades na prática, criando histórias positivas sobre seu passado e expectativas otimistas para o seu futuro. Você também aprenderá como dispersar as emoções negativas, aproveitar ao máximo as positivas e como essas experiências emocionais influenciam sua perspectiva e personalidade ao longo do tempo.

## MAS O PENSAMENTO O FAZ ASSIM

"...não há nada bom ou nada mau,
mas o pensamento o faz assim."
– SHAKESPEARE

Essas palavras sábias do Bardo contêm muita verdade. A forma como você pensa em uma situação tem muita relação com como você a experimenta. A pesquisadora Carol Dweck, por exemplo, demonstra que as pessoas que pensam na inteligência como uma qualidade que pode ser aprimorada pelo trabalho árduo, fazem com que isso aconteça: elas aprendem com seus erros e aplicam essas aprendizagens a situações futuras.

Entretanto, as pessoas que pensam que a inteligência é uma característica fixa também fazem com que isso aconteça: elas descartam seus erros como falhas pessoais e não crescem a partir de suas experiências.

Seus pensamentos, portanto, são extremamente poderosos, mas não são o único fator que influencia na experiência. A psicologia moderna tem mostrado que as emoções e ações desempenham um papel igualmente crítico. Juntos, esses três fatores influenciam como você se sente e o que faz de cada momento.

Mas você sabe quem comanda tudo? Você. Com o poder de sua consciência, você pode cultivar, intencionalmente, certas maneiras de pensar, sentir as emoções e comportar-se, dando-lhe o poder de mudar suas experiências e sua vida.

## Desenvolvendo a neuroplasticidade

Se você comer um bolo inteiro todos os dias durante um mês, isso muda a forma do seu corpo? Pode apostar que sim. Bem, assim como sua repetição diária modifica o seu corpo, ela também modifica o seu cérebro. Se, por exemplo, toda vez que você tirar uma nota boa, seus pais lhe recompensarem com uma pizza, então essa conexão se tornará codificada em seu cérebro. No momento em que você obtiver uma nota dez em seu teste de matemática (o gatilho de realização), você começará a pensar em pizza (um pensamento), desejará queijo (uma emoção) e mandará uma mensagem para a sua mãe comprar sua pizza favorita (um comportamento). Estas conexões entre um gatilho específico, pensamento, emoção e comportamento ficam mais fortes em seu cérebro toda vez que você segue este padrão.

Se você se inscreve no Corpo da Paz e passa a viver em uma comunidade onde não há pizza, logo, não encontrará nenhuma pizza. Depois de receber um feedback positivo de seu chefe (o gatilho de realização), você ainda teria o pensamento e as emoções que o impulsionam para pizza, mas sem a capacidade de satisfazer esse desejo, você cortaria essa conexão. Em vez disso, você pode decidir recompensar-se com uma sobremesa local (comportamento).

Se você sempre repetisse este novo comportamento, seus pensamentos e emoções seguiriam o exemplo, e ao final de seu tempo de serviço, seu cérebro teria codificado uma nova conexão: o gatilho de realização = pensamentos de sobremesas, desejos de sobremesas e uma caminhada até a padaria local.

Esta ciência da neuroplasticidade (também conhecida como a forma como seu cérebro transforma-se através de conexões codificadas) é a base do caminho à positividade. Quando você aprende a escolher intencionalmente pensamentos, emoções e comportamentos que criam positividade, e pratica-os repetidamente, essas conexões tornam-se codificadas em seu cérebro para sempre e você se torna uma pessoa mais positiva.

## Você não é o que você pensa

Uma das experiências que traz negatividade para a maioria de nós é a rejeição profissional. Imagine que você vai a uma entrevista de emprego, dá tudo de si, e mais tarde naquele dia recebe um e-mail relatando que eles selecionaram outro candidato. Você pode pensar imediatamente, "Não sou inteligente o suficiente para esse cargo" ou pior, "Eu deveria desistir". Outra pessoa, no entanto, pode ter um pensamento automático diferente, como "Bem, pelo menos eu cheguei à primeira rodada de entrevistas" ou perguntar-se: "que cargo será mais adequado para mim?".

De qualquer forma, um pensamento automático é baseado nas conexões que você criou e repetiu com as experiências de rejeição no passado. Cada vez que você foi rejeitado ou cada vez que as pessoas que foram responsáveis por cuidar de você o culparam, esse mesmo código de conexão negativa é imediatamente acionado também no contexto atual. Se você tivesse mentores que lhe ensinassem a usar a rejeição como uma boa oportunidade para aprender, então o código de conexão positivo seria acionado.

É importante entender que como seus pensamentos são um produto de suas experiências passadas, eles não são necessariamente verdadeiros. Além disso, seu cérebro tem uma tendência à negatividade, o que significa que é mais provável que codifique as experiências passadas negativas do que as positivas. Sua responsabilidade, portanto, é não acreditar ou reagir a cada pensamento que tem, mas sim escolher novos pensamentos que são mais corretos e úteis.

## Pare de reabastecer as emoções negativas

A experiência da rejeição também desencadeará automaticamente reações emocionais. Ao receber um e-mail de rejeição profissional, você pode se sentir imediatamente triste, frustrado ou odiar-se. Mais uma vez, esta experiência imediata é um resultado de sua programação anterior. Seu cérebro rapidamente analisa a situação, escaneia suas memórias relevantes, e aciona a emoção que frequentemente se conecta à rejeição.

Porém, cabe a você decidir se quer conectar ainda mais essa emoção negativa à experiência da rejeição em seu cérebro. Um estudo de 2014 da revista *PLOS One* sobre a intensidade e a duração das emoções negativas demonstra que quando você rumina suas emoções, elas ficam mais fortes e duram mais tempo. Mas quando você questiona compassivamente suas experiências emocionais, como perguntar a si mesmo: "Como posso me incentivar para vencer esta experiência desafiadora com coragem?" elas ficam mais leves e desaparecem mais rapidamente.

## Acompanhe sua reação

Quando você descobre que foi rejeitado, seu cérebro o direciona a uma reação automática baseada em suas experiências passadas. Talvez você arremesse seu celular, distraia-se com a TV, ou recuse-se a buscar qualquer outra vaga de emprego. Estes comportamentos não ajudam em um panorama geral, e é por isso que é tão libertador escolher conscientemente uma reação diferente, uma que faça você se sentir orgulhoso do tipo de pessoa que é. Com essa escolha, você começa a codificar um padrão de comportamento novo e mais positivo para lidar com a rejeição.

# LIDANDO COM O PENSAMENTO DISTORCIDO

O pensamento distorcido, também conhecido como distorção cognitiva, acontece quando você toma os mesmos tipos de decisões que resultam nos mesmos tipos de resultados negativos uma e outra vez, e seu cérebro aprende a desenvolver um padrão de pensamento incorreto e inútil, baseado nesses resultados. Por exemplo, se você decidir ir à academia pela primeira vez em anos e, depois disso, sentir-se incrivelmente dolorido, pode dizer para si mesmo: "Fui à academia e foi horrível e definitivamente vou me sentir assim toda vez que eu for, então nunca mais vou!". Isto é um pensamento distorcido porque seu cérebro chegou à conclusão precipitada de que esta experiência ruim será representativa de todas as experiências na academia. Desafiar estas distorções cognitivas é a chave para superar suas crenças negativas.

Algumas distorções cognitivas incluem:

- Pensamento tudo ou nada
- Desconsiderar o positivo
- Personalização
- Supergeneralização
- Filtragem mental

Vamos aplicar as distorções cognitivas a um cenário muito conhecido, um encontro:

1. Você vai em seu primeiro encontro e se diverte muito, mas depois nunca mais ouve falar da outra pessoa. Então você pensa: "Ugh! Esse encontro foi um fracasso total. Que desperdício de tempo".

   ***Esse é um pensamento tudo ou nada. É quando você olha para uma situação como preto no branco e não consegue ver as tonalidades de cinza.***

2. Você está contando a seu acompanhante sobre o negócio que está empreendendo. Ele parabeniza você por ter alcançado seu mês mais rentável e você pensa: "Obrigado, mas esse sucesso não importa de verdade porque eu tive dois meses terríveis antes disso".

   ***Isso é desconsiderar o positivo. Você descarta a alegria de seu encontro (e da sua vida) ao nunca deixar as coisas serem o suficiente, concentrando-se no negativo.***

3. Seu acompanhante recebe um telefonema urgente e precisa sair mais cedo. Você pensa: "O que eu fiz de errado? Ele está obviamente me abandonando".

   ***Isso é a personalização. Você leva as coisas para o lado pessoal e*** transforma tudo o que seu acompanhante diz e faz em algo sobre você.

4. Você vai a um encontro com alguém que trabalha com vendas, e depois descobre que ele já está namorando outra pessoa. Você pensa: "Eu nunca mais vou sair com alguém que trabalha com vendas! Eles são traidores!".

   ***Isso é uma supergeneralização. Você transforma uma experiência ruim em uma conclusão generalizada e simplificada.***

5. Quando toda esperança está quase perdida, você finalmente encontra a pessoa certa. Mas, depois de vários encontros, você descobre que ela tem muitos hobbies parecidos com seu ex. Você se torna obcecado neste fato e esquece completamente as outras qualidades únicas e positivas dela.

   ***Isso é uma filtragem mental. Todas as coisas boas sobre a pessoa são desconsideradas porque você está se concentrando em encontrar os aspectos negativos dessa pessoa.***

Qual dessas distorções cognitivas aparecem com mais frequência para você?

Para desenvolver formas novas, mais saudáveis e equilibradas de perceber sua experiência, comece imaginando um pensamento negativo comum que você regularmente tem. Então, depois de registrar esse pensamento em seu diário, escreva as respostas para as seguintes perguntas:

1. Que pensamento negativo estou tendo e qual distorção cognitiva é relacionada a ele? Um exemplo simples poderia ser, "sou preguiçoso", e a distorção cognitiva ser um pensamento do tipo "tudo ou nada".
2. Quais seriam as três outras perspectivas alternativas para esse pensamento negativo? Uma perspectiva alternativa ao exemplo anterior sobre preguiça poderia incluir "eu não estou motivado a tentar com mais garra porque não estou dormindo o suficiente" ou "eu ainda não encontrei uma atividade ou emprego que seja verdadeiramente significativo para mim".
3. Escreva provas que sustentem cada uma dessas três alternativas. As evidências para o exemplo anterior poderiam incluir, "eu durmo apenas de quatro a cinco horas por noite porque passo muito tempo em meu celular" ou "ainda não encontrei uma atividade ou emprego que seja verdadeiramente significativo para mim porque eu não gosto de correr riscos e tentar coisas novas".

   ***Dizer "eu sou preguiçoso" é fácil, mas não é correto porque desconsidera muitos detalhes sobre sua situação. Portanto, é realmente importante pensar sobre as perspectivas alternativas e suas provas. A evidência ajuda seu cérebro a começar a ver uma nova maneira de abordar um problema antigo.***

4. Agora, escolha o pensamento mais real e apropriado para praticar ao refletir sobre esta situação.

# COMBATENDO (MAS NÃO EVITANDO) A NEGATIVIDADE

Como abordamos no capítulo 1, prestar atenção aos seus pensamentos negativos, embora seja difícil, pode revelar agentes de mudança poderosos. Em meu trabalho como coach, tenho visto o quanto destacar pensamentos negativos ajuda meus clientes a reconhecer pensamentos distorcidos e crenças negativas relacionadas, subconscientemente, à dieta, relacionamentos, autoestima, perfeccionismo e falta de limites, por exemplo. E quanto mais meus clientes observam seus pensamentos negativos, quanto mais eles reconhecem suas questões mais profundas, e quanto mais focados e eficazes forem seus pensamentos positivos, a prática tende a melhorar a mentalidade, o humor e suas vidas. Este tipo de progresso positivo nos dá uma enorme satisfação e nos capacita a viver com propósito. Você também cultivará esta capacidade. Seu objetivo não é se entorpecer à negatividade, mas abraçar sentimentos difíceis como oportunidades para seu crescimento e bem-estar.

## Seja realista

Os pensamentos e sentimentos negativos desempenham um papel importante em sua vida. Se seu cão falecer, não há problema em ficar triste e passar um tempo de luto pela perda. Também é saudável ter sentimentos que não fazem sentido para você ou que parecem "errados". Você também pode, por exemplo, sentir-se aliviado por ele não estar mais sofrendo, ou não estar mais desconfortável, e pode sentir-se aliviado por não ter a responsabilidade contínua de cuidar dele, mas lembre-se, seja realista. Pensamentos *são* apenas pensamentos, e não há problema em tê-los, mesmo que façam você se sentir desconfortável.

Mas e quanto às outras situações em que a negatividade não é a resposta "apropriada"? Como quando você se sente sem esperança sobre a possibilidade de encontrar uma carreira gratificante ou fica hiperansioso em falar em público? Essa negatividade também é útil. Isso o obriga a prestar atenção a como seus pensamentos, emoções e comportamentos estão impactando sua vida, e a fazer mudanças benéficas. Você não pode evitar a negatividade, mas pode sempre usá-la como uma oportunidade para autoconscientização, crescimento e conexão.

## Pare e pense

Quando as pessoas sentem emoções negativas, podem fazer uma de duas coisas: ignorá-las ou deixar-se dominar por elas. Mas essas duas abordagens são improdutivas, pois ignorar os sentimentos muitas vezes resulta em questões não resolvidas mais tarde, e se deixar abalar pelos sentimentos permite que a negatividade assuma o controle. Ambas as opções fazem com que você ignore a alternativa mais desafiadora e vulnerável de encarar seus sentimentos, além disso também roubam sua capacidade de criar mudanças e resolver o problema.

## FAÇA ISTO: RASTREIE E MUDE OS PADRÕES DE PENSAMENTO NEGATIVO

Muitas vezes, os primeiros pensamentos e as emoções que chegam não são realmente os que estão impulsionando sua negatividade. Você precisa fazer o esforço de ir até o que está além da superfície. Isto lhe dará poder para fazer as mudanças mais significativas em seu mindset.

Olhe para a área de sua vida que você escolheu para criar um objetivo, conforme descrito no capítulo 1. Que circunstâncias nessa área tendem a trazer o negativismo para você? Concentrando-se nelas, pegue seu diário e escreva as respostas para as seguintes declarações.

1. Eu sinto (emoção negativa) ________ porque estou pensando em ______________________________________.
2. Se isto fosse verdade, significaria que ________________ ____________________________. Outra maneira de afirmar isto é: se isso fosse verdade, isso me incomodaria porque ____________________________.
3. Agora repita essa afirmação várias vezes. Continue se aprofundando até repetir a mesma resposta; este é o pensamento central que sustenta sua negatividade. Isto é chamado de "técnica da seta descendente" porque você continua mergulhando, dentro das camadas de sua mente, até que alcance o cerne da questão.
4. Quais as três coisas que posso fazer para mudar a maneira que me sinto nessa situação? Especificamente, faça um *brainstorm* sobre que tipo de pensamentos podem ajudá-lo a se sentir

mais confiante e confortável nesta situação ou que comportamentos podem ajudá-lo a mudar sua perspectiva.

## UMA QUESTÃO MAIS PROFUNDA

Embora um certo grau de negatividade seja esperado, tolerado, e até mesmo útil, a negatividade crônica pode levar a mais resultados ruins e ser sintoma de um problema de saúde mental muito mais sério e que não pode ser resolvido apenas pelo pensamento positivo. De fato, estudos mostram que a depressão e a ansiedade podem ser resultado de doenças graves, desequilíbrios hormonais, deficiências nutricionais, privação do sono, experiências traumáticas ou abusivas e forte perda pessoal. Estas questões precisam ser abordadas de modo a evitar outros resultados negativos.

Minhas próprias questões de saúde mental, por exemplo, foram resultado de um conjunto complexo de causas. A depressão e a ansiedade correm em minha família. Meus pais lutaram com conflitos conjugais e eventualmente o divórcio, por isso minha casa era tensa e dividida. Eu tinha uma autoimagem deficiente e baixa autoestima, e desenvolvi um distúrbio alimentar aos treze anos. Além disso, soube mais tarde que eu estava perigosamente deficiente em vitaminas B e D, que são dois nutrientes essenciais para que o cérebro funcione de forma saudável.

O pensamento positivo foi uma parte extremamente importante da minha recuperação porque me ajudou a reestruturar muitos dos pensamentos negativos que desenvolvi, e a substituí-los por perspectivas positivas sobre mim mesma e minha vida. Mas eu também tive que abordar essas outras questões, com a ajuda de profissionais compassivos, para poder sustentar e manter o pensamento positivo.

### Pensando em meio à depressão (não é possível)

Os distúrbios depressivos são caracterizados por sentimentos persistentes de tristeza, falta de interesse em atividades que você costumava desfrutar, mudanças no apetite, perda de energia, sono perturbado ou em demasia, dificuldade de concentração e pensamentos de morte ou suicídio. Com tanta negatividade sobrecarregando seu sistema, forçar-se a pensar positivamente pode ter um efeito rebote: você tenta pensar positivamente, mas parece tão difícil e antinatural que simplesmente sente-se ainda pior sobre si mesmo.

Portanto, antes de trabalhar seus pensamentos, concentre-se nos comportamentos positivos comprovados que podem melhorar sua depressão. Um relatório de 2016 do *Journal of psychiatric research* mostrou, por exemplo, que exercitar-se frequentemente causa um impacto significativo sobre a depressão, especialmente se forem exercícios aeróbicos de intensidade moderada. Além disso, um estudo de 2013 publicado na *BMC Psychiatry* descobriu que para adultos com depressão grave, alimentar-se com uma dieta mediterrânea, por exemplo, eliminando doces, cereais refinados, fritura, fast food, carnes processadas e bebidas açucaradas ajuda muito o processo de cura. A nutrição é crucial porque os baixos níveis de vitaminas B12, B9 (folato), zinco e ômega-3 estão correlacionados aos níveis mais altos de depressão, segundo a *International journal of preventive medicine.*

Finalmente, tente concentrar-se em seus pontos fortes. Um artigo de 2005 sobre psicologia positiva na *American psychologist* mostrou que os participantes de um estudo em que foi ensinado como identificar seus pontos fortes característicos e usá-los de novas maneiras, obtiveram menor aumento da depressão. Se você não tem certeza de quais são seus pontos fortes, pergunte a alguém de confiança e depois aplique-os em novas tarefas, prestando atenção ao feedback positivo que recebe e em como é bom estar usando seus dons. Por exemplo, se um amigo observa que um de seus pontos fortes é um senso de integridade ou moralidade, tente aprender e se envolver com causas sociais em que você acredita e veja se isso desperta alegria em sua vida.

## Confrontando ansiedade e preocupação

Sempre que menciono o pensamento positivo para clientes que lutam com ansiedade, geralmente recebo uma resposta como: “Você quer que eu trabalhe os meus pensamentos? Ah! Eles são tão rápidos que não consigo nem controlá-los, que dirá lidar com eles". Viver com ansiedade significa que você está se preocupando mais do que nunca e que seus pensamentos são excessivos, intrusivos e difíceis de controlar. A ansiedade também é caracterizada pela irritabilidade, dificuldade para dormir, concentração prejudicada e inquietude. É extraordinariamente difícil lidar com esses pensamentos que estão sempre correndo, e as pesquisas mostram que é importante primeiramente se concentrar em acalmar sua mente e seu corpo. Estratégias comprovadas para acalmar e retardar seu sistema nervoso incluem exercício de resistência, redução de cafeína e álcool, e práticas de mindfulness. Comprometa-se antes de tudo com estas mudanças de estilo de vida e quando você sentir um alívio substancial, pode começar a trabalhar seus pensamentos.

## Obtendo ajuda

Como pode ver, as questões de saúde mental são extremamente complexas e desafiadoras. Além disso, elas o isolam, fazendo você se sentir incompreendido, desconectado e envergonhado. É por isso que o passo mais importante que você pode dar é conectar-se com alguém que pode realmente compreendê-lo. Encontrar um bom mentor, terapeuta ou coach é uma das melhores coisas que você pode fazer por si mesmo.

Leve tempo explorando suas opções terapêuticas. Uma pesquisa da *Clinical psychology review* de 2010 sugere que a terapia cognitiva comportamental é uma intervenção altamente eficaz para a ansiedade e depressão. Além da terapia, outra opção poderosa é a redução de estresse baseada em mindfulness ou *mindfulness-based stress reduction* (MBSR), que também provou ser muito eficaz para reduzir a gravidade dos sintomas entre indivíduos com ampla gama de questões médicas e psiquiátricas, de acordo com uma análise de 2017 do periódico *Psychiatric clinics of North America.*

Você também pode explorar tratamentos holísticos. Minha prática, para exemplo, combina mindfulness, nutrição, exercício, gestão de relacionamento e psicologia positiva em abrangentes programas de cura. Uma vez que você se liberta da ansiedade ou depressão (e eu sei que você vai!), as habilidades de pensamento positivo que aprenderá neste livro parecerão muito mais acessíveis.

## SEM ARREPENDIMENTOS

Fiquei ressentida com meus pais por muitos anos. Eu acreditava que por causa de suas questões conjugais, desenvolvi os problemas clássicos associados a uma infância instável: ansiedade, desconfiança em relação a outras pessoas, sensação incômoda de não pertencimento e uma tremenda insegurança. Estas questões afetaram negativamente minhas relações, minha autovalorização e minha saúde mental. Além disso, eu me sentia confortável com essa mentalidade. Culpar nossos pais por nossos problemas é a raiz de muitas terapias. E foi um alívio parar de me culpar por tudo, pelo menos. No final, porém, percebi que me prender ao passado, tentar encontrar falhas e colocar a culpa em mim ou em meus pais, tornava muito difícil a manutenção de uma mentalidade positiva.

Refletir sobre nosso passado é fundamental porque gera *insights* importantes em relação aos nossos padrões atuais de pensamento, sentimento e comportamento. Mas há maneiras muito mais eficazes de refletir do que simplesmente mergulhar em ressentimentos e culpas. Vamos dar uma olhada em algumas formas úteis de processar seu passado, a fim de superar a negatividade.

### Deixe o passado passar

Quando pratiquei a técnica da seta descendente (a prática que você acabou de aprender), descobri que na raiz de todos os meus ressentimentos com meus pais está a crença de que se eu tivesse tido uma criação diferente quando criança, teria uma vida melhor. Este tipo de pensamento é de fato a razão que faz a maioria de nós se sentir tão assombrado pelo passado: nós temos a imagem da pessoa ideal que deveríamos ser e da vida ideal que devemos ter, e quando fazemos ou experimentamos algo que nos afasta desse ideal, nos recusamos a abrir mão da idealização. Ela nos faz sentir como se pudéssemos evitar que isso aconteça outra vez e nos prejudique novamente. A verdade, porém, é que quanto mais nos *superconcentramos* nas negatividades do passado, mais essas conexões se fixam ao cérebro, fazendo com que repitamos as mesmas questões no futuro em vez de evitá-las.

Porém, eu não acabei de falar sobre como é importante reconhecer a negatividade? Sim, absolutamente. Mas ficar nesse espaço de negatividade, chafurdando, insistindo e ruminando nela, é incrivelmente insalubre. Assim, em vez de se acomodar no arrependimento dos seus erros ou ressentimento em relação aos erros dos outros, tome ações positivas para criar um futuro melhor. Por exemplo, se você estiver aproximando-se do fim de sua carreira e perceber que escolheu a área de trabalho errada, aproveite ao máximo a sua aposentadoria, correndo atrás do diploma dos seus sonhos. Se você foi um pai tão preocupado com o trabalho e a conquista do sucesso que perdeu inúmeros momentos únicos na vida de seu filho, faça as mudanças agora para reorganizar seu equilíbrio entre trabalho e vida pessoal. Estas experiências concretas de progresso positivo não só são gratificantes, mas também ajudam a pôr um fim à dor de seu passado.

## Conversando com seus pensamentos

Como os pensamentos negativos sobre seu passado inibem sua capacidade para cumprir a meta que você se propôs no capítulo 1? Se você está culpando a si mesmo ou outra pessoa, reconheça esses pensamentos e tente conversar com eles para procurar a razão pela qual estes erros foram cometidos em primeiro lugar e como você pode evitá-los no futuro. Se, para exemplo, seus pensamentos estão dizendo: "Você não seguiu sua dieta por todos esses anos e agora desenvolveu doenças cardíacas", você pode então perguntar-se: "Que medo ou necessidade estava levando meu comportamento a não cumprir minha dieta? O que eu não entendi então? Que incentivo me faltou?".

Dialogar com seus pensamentos é uma ótima maneira de refletir sem arrependimento porque, primeiramente, permite que você se distancie deles e os veja com mais objetividade e, em segundo lugar, permite que você aprenda com o conteúdo dessa conversa.

## Devia, gostaria, poderia

Quando eu dialogava com meus pensamentos negativos sobre meus pais, percebi que eles, assim como eu, eram humanos com fragilidades, ansiedades e necessidades não atendidas. Eles também foram amados imperfeitamente pelos pais. E estavam fazendo o melhor que podiam, com o que tinham. Dentro desse contexto, fui lentamente abandonando meu ressentimento com o que não recebi deles e substituindo isso por uma apreciação pelo que eu recebi (incluindo o próprio dom da vida, de nascer).

Quanto mais você faz este exercício de pensar sobre seu passado, mais você aprende a abrir mão dos "devia-gostaria-poderia" e aceitar um fator da condição humana: nem sempre podemos fazer as escolhas certas. Às vezes, faltam as informações de que precisamos, não temos tempo suficiente para considerar as opções ou somos bombardeados por nossas emoções e bagagens que carregamos. Aceite esta realidade, aprenda com seus erros e siga em frente. Saiba que a única coisa que você pode mudar sobre seu passado é a forma como ele o afeta em seu presente.

## FAÇA ISTO: QUÃO CARO É A FUGA?

Como encarar a negatividade é normalmente uma experiência pesada e desconfortável, é sedutor tentar ignorá-la e esperar que simplesmente vá embora. Mas quando evitamos pensamentos e emoções negativos, eles tendem a se esconder, esperando pelo momento certo de retornar. Vamos entender como fugir do negativismo priva você de oportunidades de crescer.

Qual pensamento negativo — que você simplesmente deseja poder se livrar, mas muitas vezes tentar reprimir — que geralmente tem em relação ao objetivo no qual está trabalhando neste livro? Em seu diário, reflita sobre as seguintes questões para entender como esta fuga está afetando você.

1. Quais são suas estratégias favoritas para fugir? Como você faz para se distrair ou se entorpecer? Que lugares, pessoas e atividades você evita a fim de manter o pensamento afastado? Como você pode fazer uso de alimentos, álcool, drogas ou dispositivos digitais para reprimir esse pensamento?
2. Quão eficazes são suas estratégias de fuga a curto prazo? E a longo prazo? Elas o ajudam a criar uma vida mais satisfatória?

3. Quais são os custos para evitar o pensamento negativo em termos de tempo, energia, dinheiro, saúde, relacionamentos e vitalidade?
4. Como sua vida melhoraria se você dialogasse com esse pensamento negativo de maneira gentil e comprometida em aprender com ele?

## UMA NOVA NARRATIVA

Quando você começa a confrontar os pensamentos negativos sobre o passado, você cria espaço em sua mente para histórias novas e mais fortalecedoras. Por exemplo, "eu a afastei por ser muito carente" pode com o tempo se tornar "estou aprendendo como obter apoio do meu companheiro". "Me formei na área errada e desperdicei minha vida" pode se tornar "Levei quinze anos para descobrir minha vocação, mas eu nunca desisti, e agora estou no caminho para chegar até lá".

Adotar e praticar estes novos pensamentos positivos afeta suas emoções e seus comportamentos. Você se sentirá melhor sobre tudo o que tem acontecido até o momento, e irá parar de fugir de pessoas e situações que evocavam erros e falhas. É por isso que o pensamento positivo é uma ferramenta tão transformadora: ele lhe dá o controle sobre suas experiências em vez de deixar que elas controlem você, e este poder de criar novas narrativas emerge quando se olha para o futuro.

Para começar a criar uma nova narrativa, busque pelo otimismo, suas próprias forças e propósito.

### O otimismo não é ridículo

Anna, uma escritora e ex-cliente, enviou seu manuscrito a duas editoras e foi recusada em ambas as ocasiões. Enquanto estava se preparando para entrar em contato com outra editora, ela não parava de dizer a si mesma que provavelmente seria rejeitada novamente, e que se veria forçada a permanecer em seu emprego sem saída para sempre. Em resposta a sua forma de pensar negativa, perguntei-lhe como os pensamentos negativos afetaram suas emoções e seu comportamento. "Eles me fazem sentir triste e sem energia, o que me faz querer desistir de tudo isso", disse ela.

Lembrei Anna que ela não podia controlar as respostas dos editores, mas poderia ao menos controlar seus pensamentos, suas emoções e seus comportamentos. Minha cliente, no entanto, não estava convencida. "O que eu devo fazer? Apenas me enganar para acreditar que desta vez meu manuscrito será aceito, mesmo que as experiências do meu passado prevejam um fracasso?"

Na verdade, as pesquisas sugerem que ser otimista não é apenas lógico, mas também prático. Em um artigo na *Psychologist-manager journal* em 2007, os pesquisadores examinaram estudos sobre empresários de um período de mais de 25 anos e concluíram que o otimismo — a expectativa de que as coisas boas serão abundantes e as coisas ruins escassas — é altamente relacionado ao sucesso. Assim, o cultivo de uma perspectiva positiva irá realmente ajudá-lo a criar um futuro mais bem-sucedido. Isso deve-se à forma como seu pensamento afeta suas emoções e seus comportamentos. A expectativa de coisas boas o mantém motivado e se esforçando; esperar coisas ruins drena sua energia e o faz querer desistir.

## Olhe para você mesmo

Anna insistiu: "Mas e se a editora me rejeitar? Eu não quero me desapontar novamente". Esta é a razão pela qual a maioria das pessoas se agarra ao pessimismo: ele é protetor. Se mantivermos nossas expectativas baixas o bastante, nunca teremos que suportar o desconforto do desapontamento ou fracasso. Este raciocínio, entretanto, vem de um ponto de vista determinista falho que postula que não podemos controlar ou mudar a maneira como nos sentimos. Agora você já sabe que isso não é exato, e que não precisa chafurdar em decepção. Em vez disso, pode lidar com seus pensamentos, suas emoções e seus comportamentos para mudar sua experiência.

"Que coisas em seu controle podem ajudá-la a superar essa desilusão?", perguntei a ela. "Bem, eu posso me lembrar que até J.K. Rowling, minha autora favorita, foi rejeitada doze vezes pelos editores antes de conquistar o sucesso. Eu posso praticar ioga, que sempre me ajuda a aliviar o estresse. E posso entrar em contato com um amigo da área editorial para pedir ajuda", disse ela. A resposta de Anna é um grande exemplo de como se pode manter o controle, mesmo em situações desanimadoras. Se você se sente emocionalmente sobrecarregado, olhe para si mesmo e para os aspectos da experiência que *pode* controlar.

### Encontre a diversão

Outro motivo que nos leva a fazer previsões negativas sobre o futuro é a tendência à negatividade embutida em nosso cérebro, o que nos torna mais dispostos a prestar atenção às experiências negativas do que às positivas. Se você fez dez coisas certas hoje e cometeu um erro, é mais provável que rumine sobre o erro cometido ao deitar-se na cama à noite. E quanto mais você se concentra na negatividade de seu passado, mais seu cérebro prevê essas experiências no futuro.

Graças a Deus existe a neuroplasticidade. Você pode mudar gradualmente seu padrão de negatividade e tornar-se mais otimista ao, intencionalmente, concentrar-se em experiências pequenas e positivas durante o seu dia. Chamo isto de técnica "encare, nutra, sinta". Primeiro, encare: preste atenção à sua experiência positiva. Ela pode ser algo tão simples como uma respiração relaxante ou um sorriso de um desconhecido no metrô. Então, nutra-a: enriqueça a experiência com mais pensamentos divertidos e edificantes sobre o assunto. Você pode dizer para si mesmo: "É incrível como apenas uma respiração profunda pode me fazer sentir tão bem". E, finalmente, sinta-a: mergulhe nas emoções positivas, sinta-as em seu corpo e realmente deixe-as entrar. Imagine-as como bolhas cobrindo todo o seu corpo em uma banheira com sensações de calor e tranquilidade.

## UMA ATITUDE DE "SOU CAPAZ"

Por que nos exercitamos? Por pelo menos duas razões: primeiro, é incrível sentir seu corpo em movimento e seu sangue bombeando. Segundo, para os benefícios a longo prazo — quanto mais você se exercita, mais forte e tonificado o seu corpo inteiro se torna. Da mesma forma, cada vez que você pratica o pensamento positivo, é como se estivesse transformando sua mente em uma academia. Não só você se sente muito bem em criar uma narrativa pessoal positiva e abraçar o otimismo, como isso também o torna uma pessoa mais forte, saudável, resiliente e com mais recursos nos momentos difíceis. Quando praticada repetidamente, a positividade se transforma de um estado temporário em um traço de personalidade duradouro.

## O mental e o físico

Muitas pessoas rejeitam a positividade como uma qualidade frívola — é ótimo se ela acontecer, mas não é importante para o sucesso no mundo real. Adultos sérios se concentram em desenvolver coragem, ética de trabalho, autoconfiança e força de vontade; a positividade é brincadeira de criança, dizem eles. E, em algum nível, isso é verdade: as emoções positivas *nos tornam* mais leves e brincalhões. Mas estas experiências edificantes estão longe de ser frívolas; de fato, elas são o portal para a sabedoria e o bem-estar.

Quando você é consumido em negatividade, você perde a perspectiva. Os hormônios do estresse cortam a comunicação do córtex pré-frontal do cérebro, que é responsável pelo autocontrole, compaixão, empatia e tomada de decisão racional. Essa desconexão o deixa com uma forma de comunicação e ação mais primitiva, derivada de seu cérebro límbico, que é hábil em reações extremas como luta, fuga e congelamento. Se, por exemplo, seu cônjuge diz algo doloroso e você se consome com raiva, é incapaz de enxergar o quadro geral como todas as experiências positivas que tiveram juntos, todos os sacrifícios que fizeram um para o outro ou como ele pode estar se sentindo; ao contrário, a única coisa em que você pode pensar é nos comentários ofensivos, por isso está propenso a exagerar de formas que lamentará mais tarde. A mesma coisa acontece quando você se sente estressado ou envergonhado: você perde o acesso à perspectiva e reage de maneira insegura.

Emoções positivas, no entanto, como alegria, esperança, admiração e segurança, ajudam a restabelecer a comunicação entre a área pré-frontal e as partes límbicas do cérebro. Em outras palavras, você recupera o acesso a sua inteligência emocional e sua capacidade de pensamento crítico, e estas partes mais sábias e evoluídas do nosso cérebro podem acalmar e apoiar a parte que lida com o estresse. Se você puder interromper sua argumentação com seu cônjuge e acessar estas emoções positivas, terá como enxergar o quadro geral e responder de forma que se alinhe aos seus valores e o ajude a alcançar seus objetivos de longo prazo.

## Seja como uma criança brincando

As emoções positivas também permitem uma conexão significativa. Uma pesquisa realizada pela psicóloga Barbara Fredrickson mostra que dentro de relações seguras e íntimas "a alegria desperta a vontade de brincar, o interesse desperta a vontade de explorar, o contentamento desperta a vontade de saborear e o amor desperta um ciclo recorrente de cada um desses impulsos". Essas experiências interpessoais positivas são fundamentais para o sucesso de seu relacionamento. Por exemplo, para um casamento longo e feliz, as pesquisas mostram que os casais devem compartilhar interesses positivos, afeto e apreço uns pelos outros cinco vezes mais do que as emoções negativas. Mesmo equipes de negócios que compartilham principalmente emoções positivas, como o encorajamento e o apreço, são mais bem-sucedidas do que as equipes que compartilham principalmente desaprovação ou cinismo.

## Melhore a resiliência

A positividade, portanto, ajuda a construir habilidades de regulação emocional e relações mais fortes. Esses são dois dos mais importantes fatores que contribuem para a resiliência, e é por isso que em momentos de adversidade as pessoas positivas tendem a se recuperar melhor e crescer a partir da experiência. Todos atravessamos tempos difíceis: demissões acontecem, mercados quebram, relações acabam e pessoas morrem. A positividade não se trata de encobrir os desafios que essas experiências criam. Trata-se de cultivar intencionalmente emoções positivas a fim de acessar seu córtex pré-frontal para que você possa resolver os problemas de forma eficaz e empática. Além disso, se você praticar o sentimento e compartilhar emoções positivas regulamente, é mais provável que se conecte em relações com aconselhamento e apoio que irão ajudá-lo a superar as adversidades. É por isso que o trabalho que está fazendo neste livro não é apenas uma maneira de melhorar momentaneamente sua forma de pensar; é a medicina preventiva que o mantém saudável e habilidoso, mesmo nos momentos mais desafiadores.

## A POSITIVIDADE NA PRÁTICA

Sua vida é um grande projeto criativo. A cada momento, você cria sua experiência, trabalhando com seus pensamentos, emoções e comportamentos. Quanto mais ensaiar essas conexões, mais elas se tornam sua forma habitual de pensar, sentir e responder. Então, com o tempo estes hábitos criam sua narrativa, mindset e personalidade, e eles influenciam seus relacionamentos e estilos de lidar com a situação.

Ao cultivar pensamentos, emoções e comportamentos, portanto, é importante manter seus objetivos em mente. Os pensamentos negativos não são intrinsecamente ruins, mas são muitas vezes baseados nas distorções cognitivas, e geralmente não são úteis em termos de valor. Antes de mudá-los, então, certifique-se de usar a técnica da seta descendente para identificar o pensamento central, e depois dialogar com ele, para que possa entender quais necessidades podem não estar sendo atendidas ou qual incentivo você precisa para continuar caminhando em direção ao seu objetivo. Então você pode escolher um padrão de pensamento novo, mais adequado e preciso para praticar enquanto avança.

Em virtude do padrão de negatividade, também é importante notar as coisas boas e cultivar, enriquecer e compartilhar experiências positivas. Vamos fazer isso juntos agora.

Refletindo sobre seu objetivo neste livro, qual seria um exemplo de progresso que você já conquistou? Quando você pensa em seu progresso positivo, como se sente? Alegre, esperançoso, confiante talvez? Permita-se nutrir e sentir essa experiência positiva por trinta segundos. Agora, pensando sobre esta positividade, como você se sente inclinado a agir? Talvez queira ser brincalhão e celebrar seu sucesso com uma dança da vitória, ou talvez queira ser generoso e compartilhar sua alegria com os outros. Abrace estes instintos, pois eles o ajudarão a criar uma mente e uma vida melhor.

"Desejo um mundo onde todos entendam
que o desconforto é o preço
para que você seja lembrado.
E o medo é apenas o crescimento
se aproximando."

– ROBIN SHARMA

CAPÍTULO TRÊS

# Vivendo seus valores

A felicidade não é o mesmo que a satisfação, mas não é isso que fomos levados a acreditar. Aonde quer que vamos, somos inundados por mensagens que nos dizem que certo produto, programa ou realização pessoal nos trará um sentimento de felicidade tão puro e tão gratificante que não vamos querer mais nada (por pelo menos um momento). Continuamos nos esforçando e nos pressionando para mais, famintos por felicidade. E quando a infelicidade inevitavelmente mostra as caras, nós cedemos, desenvolvendo distorções cognitivas para nos ajudar a enfrentá-la, e nos culpamos por não nos sentirmos melhor.

Eu vi este ciclo destrutivo se desenrolar em minha vida e nas vidas de meus clientes. Mas aprendi que a cada dia que eu vivo meus valores e continuo comprometida com o meu crescimento positivo e a mudança, me sinto profundamente *satisfeita*, mesmo que eu não esteja feliz naquele exato momento. As emoções positivas, como a felicidade, têm muitos benefícios significativos e podem levar a inúmeros resultados maravilhosos, e o pensamento positivo pode guiá-lo em uma vida de propósito, na qual você pode lidar com os inevitáveis altos e baixos de ser humano.

Neste capítulo, você aprenderá a ir além de sua busca por felicidade, definindo e empregando seus valores para criar a realização duradoura em sua vida que pode sustentá-lo ao longo da jornada. Você também aprenderá a passar pelos desconfortos que podem surgir neste processo, a fim de ganhar um melhor sentido de autodireção e controle em sua vida.

## A FELICIDADE NÃO É NECESSÁRIA

Imagine se a única emoção que você pudesse sentir fosse a felicidade. Isso pode parecer uma bênção, mas e se seu parceiro o trai ou seu melhor amigo lhe diz que foi diagnosticado com câncer? Nessas situações, a felicidade não é a resposta emocional apropriada. Na verdade, se você se sentiu feliz com isso pode ignorar seus problemas matrimoniais e desconsiderar a necessidade de compaixão do seu amigo.

Além disso, as pesquisas mostram que se seu único objetivo é sentir felicidade o tempo todo, então isso, na verdade, terá o efeito contrário. Um estudo de 2011 publicado na *Emotion* descobriu que as pessoas que valorizam mais a felicidade tendem a experimentá-la menos, estão menos satisfeitas com a vida, relatam menor bem-estar psicológico e maiores taxas de sintomas de depressão. Este efeito paradoxal ocorre porque se você valoriza a própria felicidade, suas expectativas serão altas, e sempre que uma experiência trouxer outras emoções, você ficará desapontado, pensando que algo está errado. Você também é mais propenso a mascarar emoções negativas, em vez de aprender com elas. Com o tempo, estes fatores diminuem sua felicidade geral.

Não é incomum conversar com meus clientes coaches sobre as diferenças entre felicidade e satisfação. Por exemplo, uma cliente disse uma vez: "Caitlin, eu sei que ajudar as pessoas é parte de ser um coach. Mas também sei que é importante ser tão feliz quanto possível. Não é difícil ser feliz quando se está falando sobre os medos e problemas dos outros o dia todo? Como fazer os dois ao mesmo tempo?". E embora a cliente tenha feito uma pergunta importante sobre como equilibrar satisfação, carreira e felicidade, ela esqueceu um ponto essencial: você nem sempre precisa ser feliz, e ser o mais feliz possível pode ser muito menos importante do que estar satisfeito. E a felicidade pode vir com a satisfação.

A própria felicidade, portanto, não é um objetivo útil. Mas muitas vezes, ela é o subproduto de algo muito mais substancial. Quando as pessoas refletem sobre os maiores momentos de suas vidas, elas recontam, com mais frequência, memórias nas quais superaram um obstáculo, atingiram um marco difícil ou contribuíram para a vida de alguém em necessidade. Essas conquistas incluem muitos momentos felizes, mas também envolvem vulnerabilidade, desconforto e desafios. Por exemplo, em um estudo de 2014 publicado na revista *Demography*, os pesquisadores demonstraram que, na verdade, a felicidade das pessoas diminui logo depois de ter seu primeiro filho.

Da mesma forma, quando você está aprendendo a tocar um novo instrumento, o início é cheio de erros e confusão. No entanto, todos os pais e músicos concordariam que os momentos de infelicidade não são nada em comparação ao significado e à realização que vêm, em parte, de terem sido resilientes naqueles momentos difíceis e seguido em frente em direção ao objetivo de tocar o novo instrumento.

## A vida é real

E isso significa que ela pode levar à satisfação. E a satisfação pode levar à felicidade.

A realização de qualquer coisa significativa envolverá, inevitavelmente, altos e baixos. A maioria de nós entende este princípio intelectualmente, mas quando um momento de dificuldade bate à nossa porta, nós o rotulamos como ruim ou errado, tentamos escapar ou mudar a situação, e começamos a questionar a felicidade. Se você estiver se sentindo solitário, por exemplo, sua resposta automática pode ser culpar a si mesmo e pensar que algo está errado com você porque está infeliz. Se está se sentindo motivado a mudar, pode sentir a necessidade de investir em um programa de autoaperfeiçoamento que acredita que, de alguma forma, o tornará mais simpático. E se você estiver se sentindo especialmente sem motivação, pode deixar esses pensamentos negativos convencê-lo de que não é digno de ter amigos e não tomará nenhuma medida para conhecer pessoas.

Grande parte da dor que sentimos na vida é porque nos esforçamos muito para evitá-la; não somos realistas quanto aos altos e baixos da vida. Todos neste planeta têm períodos de solidão, tristeza, confusão e falta de motivação. Nós nos culpamos por termos esses sentimentos, o que só leva a mais negatividade. Além disso, quando você está ocupado em afastar suas emoções negativas, acaba não se dando o espaço para aprender sobre seus valores e necessidades. E quando você não pode aprender com seus sentimentos negativos, eles tendem a voltar com maior intensidade, até que possa entender suas mensagens importantes.

## Aceitando suas emoções

Talvez você esteja se sentindo um pouco confuso neste momento. Eu passei o último capítulo dizendo que seus pensamentos negativos muitas vezes não são verdadeiros ou úteis, e agora, estou lhe dizendo que a negatividade é uma parte da vida e que aceitar essas experiências é um fator crucial para cultivar propósito e positividade. Mas, de fato, não há contradição aqui, porque há uma grande diferença entre *reconhecer* seus pensamentos negativos e *acreditar* em seus pensamentos negativos. Por exemplo, posso reconhecer que estou tendo muitos pensamentos negativos sobre minha capacidade de ter sucesso em um novo cargo no trabalho, mas isso não significa que eu tenha que acreditar nesses pensamentos. Por mais estranho que possa parecer, o próprio pensamento pode ser impreciso, por isso nem sempre podemos acreditar nos pensamentos negativos mesmo que realmente queiramos.

Portanto, aceitar que temos pensamentos negativos não é uma resignação; é apenas uma consciência sincera de sua experiência anterior. É a escolha de acolher suas emoções negativas em uma maior atitude de autocuidado. Como alguém que não passou mais do que três anos na mesma cidade desde a adolescência, eu às vezes sinto-me solitária. Ao longo dos anos, a melhor maneira que encontrei para lidar com este sentimento é reconhecê-lo honestamente e dizer a mim mesma que está tudo bem me sentir assim. Isso amplia minha experiência emocional para que eu me sinta solitária, mas ao mesmo tempo acolhida. Reconhecer uma emoção desafiadora com gentileza possui um toque amargo: você se sente triste porque as coisas estão acabando, mas também grato pela experiência que teve, e, de modo geral, é capaz de manter um mindset positivo e focado em solução.

## Compreender, não evitar

Como visto anteriormente, aceitar suas emoções negativas também mantém fluindo a comunicação entre seu cérebro límbico e o córtex pré-frontal, de modo que você possa ampliar a perspectiva sobre sua experiência e entender como abordar as questões implícitas, em vez de apenas ignorar seus sentimentos. Contudo, a resistência, que geralmente assume a forma de culpa, arrependimento ou necessidade de controle, o afasta da sabedoria.

A psicóloga Tara Brach é mestre em autoaceitação. O exercício a seguir é uma adaptação de seus ensinamentos, estruturado de acordo com o acrônimo PAIN ou medo, em inglês, para que você se lembre de usá-lo sempre que estiver experimentando emoções difíceis.

- **P**ause. Reserve alguns momentos para praticar o autocuidado. Uma pausa para o cafezinho é incentivada em situações sociais.
- **A**ceite. Afirme algo como: "abro meu coração para esta experiência e todas as emoções difíceis que isso implica".
- **I**nvestigue. Vá até o cerne da questão. Que memórias ou pensamentos estão alimentando essas emoções negativas? O que você está acreditando sobre o futuro? Tudo isso é verdade, ou poderia existir maneiras mais adequadas de pensar sobre essa situação?
- **N**utra. Descubra o que você pode fazer, pensar ou lembrar para gentilmente nutrir seu coração de volta à saúde e permitir-se seguir em frente.

Quando você abraça sua dor deste modo, você aprende com suas emoções negativas a aumentar sua capacidade de lidar com a situação de maneiras saudáveis.

## VALORES MATERIAIS

Quando você abraça suas emoções negativas, um dos maiores benefícios é desenvolver uma visão de quem e o que realmente é importante para você, para entender seus valores. Meu cliente Mike, por exemplo, perdeu seu irmão quando tinha dezoito anos de idade.

Além do luto, Mike foi atormentado por sentimentos de remorso por não ter passado mais tempo com ele. Ao praticar a técnica PAIN, ele percebeu a importância que a família e a autenticidade têm para ele, e reorganizou sua vida de acordo com isso, passando muito mais tempo com aqueles que ama e tendo mais conversas abertas com eles.

Saber o que realmente importa para você é a chave para criar uma vida significativa. No caminho para a positividade, você faz a escolha de usar cada experiência — as boas, as ruins e as feias — para ganhar a percepção do que realmente importa e o que se alinha aos seus valores pessoais.

## O que queremos dizer com "valor"?

O que é mais importante, fazer valer a justiça ou criar uma cultura de compaixão? Ser flexível ou seguir as regras? Isso depende de seus valores, dos ideais fundamentais que são mais importantes para você. Muitos desses valores foram incutidos por sua família e cultura. Por exemplo, meu marido, que foi criado na Índia, aprendeu a valorizar a comunidade. Quando ele se mudou para os Estados Unidos e viu as pessoas correndo sozinhas, pensou: "Sinto-me tão mal! Por que estas pessoas estão sozinhas?" Eu expliquei que, muitas vezes, os americanos valorizam o individualismo e a independência.

Os valores que lhe foram ensinados ao crescer, no entanto, não são necessariamente aqueles com os quais você concorda hoje. Quando criança, aprendi a valorizar a inteligência e o trabalho duro, o que significa que me empenhei para ser uma aluna nota dez e conseguir entrar em uma universidade da Ivy League. Quando envelheci, porém, percebi que essas conquistas não me satisfaziam porque meus valores eram diferentes daqueles com os quais fui criada. Eu me preocupo muito mais com compaixão, criatividade e natureza do que com inteligência e trabalho duro. Quando parei de me esforçar tanto para obter resultados perfeitos e passei a focar em ser compassiva e criativa em vez disso, tornei-me uma pessoa muito mais positiva e realizada. Que valores são importantes em sua família e cultura? Como eles impactaram suas escolhas? Eles ressoam em você atualmente?

## Criando propósito

Pense em seus valores como sua bússola para criar uma vida significativa. Por exemplo, se você valoriza a colaboração, mas tem um cargo competitivo em vendas no qual é colocado contra seus colegas de trabalho, irá se sentir frustrado e insatisfeito. Você se sentiria muito mais realizado na equipe de marketing onde se trabalha junto para alcançar o objetivo final da meta.

Da mesma forma, quando você é amigo de pessoas que compartilham seus valores, é mais provável que sinta pertencimento, que é a base das relações significativas. De acordo com uma pesquisa realizada pelo Gottman Institute, relações íntimas também prosperam quando os dois parceiros compartilham um senso de propósito. Por exemplo, minhas clientes Emily e Chrissy eram opostas em quase todas as questões, mas ambas valorizavam a aprendizagem e o compromisso, portanto encontravam sentido em estar presente nas paixões e hobbies uma da outra. O mesmo vale para os negócios: um estudo de 2011 publicado no *Journal of applied behavioral studies* demonstrou que equipes de negócios que compartilham principalmente emoções positivas, tais como estímulo e apreço, são mais bem-sucedidas do que equipes que compartilham em sua maioria desaprovação ou cinismo.

## São as pequenas coisas que importam

Além de grandes decisões como relacionamentos e carreira, seus valores também ajudam a infundir positividade em sua vida cotidiana. Digamos que está na hora de declarar seus impostos e você quer evitar a burocracia dos preenchimentos de formulários. Se você valoriza a companhia, pode organizar um "encontro fiscal" com um amigo para lamentarem juntos enquanto preenchem os formulários. Se você gosta de passar um tempo fora de casa, pode levar seu notebook ao quintal ou a um parque para fazer com que a tarefa seja menos penosa.

Na verdade, você pode mudar positivamente sua vida nesse momento, simplesmente organize sua lista de tarefas regular de uma forma que se alinhe aos seus valores. Talvez você valorize a autorreflexão e escolha pegar o caminho mais longo do trabalho para casa para alguns minutos extra sozinho. Ou goste de pregar peças e compre presentes engraçados para os aniversários dos amigos. Como seria seu futuro se você se comprometesse em aplicar os seus valores em tudo o que faz? Como você pode tornar suas experiências mais significativas ao alinhar pensamentos, sentimentos e comportamentos com seus valores?

## Relação valor x objetivo

Como viver alinhado aos seus valores é uma fonte permanente de significado e positividade, seus objetivos devem estar a serviço de seus valores. Se não estiverem, então a concretização desses objetivos não trará a satisfação que procura. Além disso, seus valores podem ajudá-lo a priorizar seus objetivos. Se você não tem certeza sobre quais objetivos o ajudarão mais em seu caminho para a positividade, veja quais valores estão mais esquecidos neste momento e priorize o objetivo que o ajudará a consertar essa lacuna.

Quais objetivos você escreveu no primeiro capítulo deste livro? Eles estão alinhados aos seus valores? Como você pode mudar os objetivos que está tentando alcançar ou como está tentando alcançá-los, para que estejam a serviço de seus valores?

## FAÇA ISTO: O QUE É IMPORTANTE PARA VOCÊ?

Pegue seu diário e responda as seguintes perguntas para que entenda melhor o que é mais importante para você. Lembre-se, você é a única pessoa que verá estas respostas. Não escreva as respostas que acha que deve dar ou aquelas que sua mãe ou seu chefe ficariam orgulhosos de ler. Escreva a sua verdade.

1. Identifique as três experiências mais gratificantes de sua vida. Descreva o que você estava fazendo, onde e com quem. O que as fizeram ser experiências tão gratificantes?
2. Identifique os três momentos mais frustrantes de sua vida. O que estava errado nessas situações ou experiências? Algo estava faltando? Por que elas foram tão frustrantes?
3. Quem você quer presente em seu funeral? O que você deseja que cada uma dessas pessoas diga sobre você nesse momento?
4. O que você faria se não houvesse chances de falhar?
5. Quais são os tipos de atividades ou experiências em que você se desconecta completamente do mundo — aquele momento em

que a confusão mental cessa e você está totalmente presente, desfrutando do momento? Por que essas experiências prendem você nesses momentos?

6. Qual é a coisa mais significativa em sua vida neste momento? Por quê?

Agora leia suas respostas. Que padrões você observa sobre o que é importante para você, o que o motiva e o completa? Talvez seus maiores sucessos envolveram ajudar outra pessoa, ou talvez tenha se sentido mais realizado após começar uma nova atividade em sua empresa. Todas essas respostas oferecem pistas sobre quais são seus valores. Para cada resposta, anote dois valores relacionados na margem. Em seguida, veja quais valores pareceram mais coerentes para você. Quais são os três valores que mais apareceram? Esses são seus valores essenciais.

## DEIXANDO O DESCONFORTO PARA TRÁS

Se você estiver em Nova York no mês de janeiro e for até a praia no Brooklyn, encontrará os Coney Island Polar Bears, um grupo de pessoas muito corajosas, indo dar um mergulho de congelar os ossos no Oceano Atlântico.

Por que alguém se sujeitaria a uma experiência tão torturante? Porque esta é a ciência do sucesso: quanto mais você pratica tolerar o desconforto, mais confiante você se sentirá enfrentando novos desafios. Pense, por exemplo, nos objetivos inspiradores nos quais você está trabalhando. No fundo, sabe que esses objetivos enriquecerão sua vida com propósitos, especialmente agora que você se certificou de que eles se alinham aos seus valores essenciais. Mas quanto maior você se atrever a sonhar, maior será o desconforto que terá que suportar.

Por exemplo, se você estiver no meio de um conflito de relacionamento, pode ficar quieto pelo bem de "manter a paz" ou pode se arriscar, defender suas necessidades e admitir seus erros. A segunda opção é desconfortável para caramba. Quando você compartilha sua vulnerabilidade, seu parceiro pode reagir condescendentemente, criticar sua ansiedade ou dizer que suas necessidades são ridículas. Mas se você estiver comprometido em criar um relacionamento significativo, deve abraçar esse desconforto e continuar trabalhando até o profundo entendimento que deseja ter.

O mesmo acontece em sua carreira, suas amizades e seu estilo de vida. Pedir ajuda, assumir riscos, aprender uma nova habilidade, mudar sua mente e defender sua posição são tarefas que envolvem a possibilidade de fracasso, julgamento e rejeição. Se você realmente quer viver uma vida plena, deve priorizar o progresso em relação ao conforto.

## Normalmente é passageiro

Nadar pelo mar do desconforto não é fácil, mas a boa notícia é que o mar nem sempre está gelado; o desconforto vem em ondas. Lembre-se, seu cérebro é tendencioso contra a ambiguidade: qualquer coisa que envolva falta de familiaridade ou incerteza, mesmo as que são boas para você, irá acionar seu cérebro para disparar uma resposta ao estresse e colocá-lo em estado de alerta; você sentirá a antecipação ou a angústia e seu ritmo cardíaco aumentará. É nesse momento que a maioria das pessoas falha. Pensamos que sentir as sensações de resposta ao estresse significa que algo ruim está acontecendo e devemos recuar. Na verdade, o desconforto é um sinal de que você está em território desconhecido e é hora de prestar atenção para que possa lidar habilmente com o processo.

Quando uma onda de desconforto o atingir, quando você se sentir constrangido, nervoso ou sobrecarregado, comece desacelerando sua respiração. Respire apenas seis vezes por minuto, inspirando em cinco segundos e expirando no mesmo tempo. De acordo com a pesquisa publicada na revista *Applied psychophysiology and biofeedback*, esse tipo de respiração aumenta o relaxamento, reduz o estresse e promove cuidado e energia positiva. Quando sua resposta ao estresse reduzir, você terá condições para começar a ouvir seu córtex pré-frontal e interromper o fluxo emocional.

## Seja flexível

Depois de relaxar seu corpo, como você interrompe um fluxo emocional? Isso mesmo: com o pensamento positivo. Pergunte-se: no que eu estou acreditando nesta situação? Todos estes pensamentos são realmente verdadeiros? Estes pensamentos fazem eu me sentir acolhida e confiante? Se não, qual seria uma perspectiva melhor para esta situação que me permitiria continuar progredindo em direção aos meus objetivos?

Este tipo de flexibilidade psicológica — ou seja, a disponibilidade de se questionar, tentar uma perspectiva diferente que seja mais proveitosa para você — é a habilidade definitiva para o caminho para a positividade, pois ela o mantém em movimento. Todos gostam de pensamentos positivos, mas quando o desconforto ataca, as pessoas descartam essas habilidades como uma garrafa de água vazia e, portanto, nunca chegam aonde desejam. Por isso, nós surfamos as ondas.

## Lembre-se de sua resiliência

Lembre-se, o pensamento positivo não trata de fingir sentimentos bons. Se está um frio de rachar, não pense: "Neste momento, eu sou a pessoa mais aquecida do mundo". Isso não é um pensamento útil; é uma mentira. Uma alternativa melhor é lembrar-se de sua resiliência. É provável que você tenha superado algo como isso ou pior no passado. Você já deve ter sofrido um desgosto, ter sido rejeitado pelos seus chefes e feito papel de tolo em público. Quais forças e recursos dessas experiências você pode aproveitar neste momento? Se você conferir sua lista de realizações, aposto que irá notar um ponto que se repete: a ruptura leva ao progresso. Quais outras evidências demonstram que você é forte o suficiente para lidar com este desconforto?

## A LEI DA ATRAÇÃO – ELA EXISTE?

Você está com medo de abraçar suas emoções e pensamentos negativos porque acredita que ao pensar em coisas negativas, manifestará mais coisas negativas em sua vida? Você não é o único. Este medo vem da "lei da atração", que, em suma, afirma que seus pensamentos criam sua realidade.

Há muito debate sobre a ciência da lei da atração, mas sabemos que seus pensamentos afetam suas emoções e seus comportamentos. Por exemplo, uma pesquisa publicada em 2018 na revista *Self and identity* demonstra que pensamentos positivos e autoafirmativos ajudam a reforçar seus sentimentos de autoestima e fazem com que você responda de forma mais construtiva às ameaças. Pensamentos negativos e duvidosos, no entanto, têm o efeito oposto: eles fazem você se sentir mal. Com isso, neste contexto, seus pensamentos influenciam sua realidade.

Há também várias evidências de que as pessoas que visualizam seu futuro são mais bem-sucedidas em concretizá-lo. Uma pesquisa publicada em 2016 na revista *Basic applied social psychology* analisa múltiplos estudos documentando como a visualização "programa" o corpo e a mente para melhorar o desempenho atlético, acadêmico e nos contextos de trabalho. A ciência não pode confirmar que estes são pensamentos reais se materializando, mas quando você se concentra em algo repetidamente, conecta esse padrão em seu cérebro e cria pensamentos, emoções e comportamentos automáticos. Esses padrões automáticos moldam suas perspectivas e experiências em cada momento e, consequentemente, contribuem para a realidade que você cria. Lembre-se: isso não significa que você deve ter medo de sentimentos negativos. Se você tentar contornar sua negatividade, não a resolverá, e ela continuará influenciando sua experiência. No entanto, se você dialogar com seus pensamentos negativos ou praticar a aceitação de suas emoções negativas, você não só ajudará a resolver a negatividade de vez, mas também começará a desenvolver novas e positivas formas de pensar e sentir, o que levará a coisas boas.

## VOCÊ PODE ESCOLHER

Vamos analisar os três conceitos centrais de positividade que discutimos até o momento. Primeiro, toda experiência consiste em pensamentos, sentimentos e comportamentos. Por exemplo, um pensamento negativo como "sou péssimo em falar em público porque fico nervoso na frente de tantas pessoas" pode levar a um sentimento negativo como "eu me sinto incompetente porque não posso falar sem congelar ou me atrapalhar". Esse sentimento negativo pode levar a um comportamento negativo como "não vou me candidatar a um emprego que parece ser perfeito para mim porque talvez tenha que fazer muitas apresentações para as pessoas". Cada vez que este padrão é repetido, torna-se mais difícil quebrá-lo. Mas você pode criar experiências positivas ao interromper seus padrões habituais, escolhendo alternativas que o ajudem a alcançar seus objetivos. Por exemplo, você pode mudar sua maneira de pensar para "no passado, eu não me sentia à vontade para falar em frente a grandes grupos, mas é normal sentir-se assim, e posso me inscrever para um treinamento de como falar em público para ganhar confiança", o que terá um grande impacto na maneira como você se sente e se comporta. Você pode pensar: "Sinto-me mais confiante e preparado agora que tenho um plano de ação para melhorar", assim você se candidata para aquele trabalho fantástico que necessita de muitas apresentações.

Segundo, as emoções positivas têm grandes benefícios emocionais, mentais, físicos e sociais. Quanto mais você enriquecer estas experiências, mais você colherá os benefícios. Conforme você pratica a positividade continuamente, irá superar o padrão de negatividade e criar um padrão positivo por meio da neuroplasticidade.

Em terceiro lugar, você não está buscando estados emocionais vazios ou transitórios; está buscando uma realização duradoura. Isto significa que seus objetivos devem estar alinhados aos seus valores, e você precisa estar disposto a lidar com o desconforto e enfrentar sua negatividade. Toda experiência é uma oportunidade para criar propósito e crescimento, e a positividade exige que você abrace a realidade como ela se apresenta.

Esses três conceitos fazem de você uma pessoa extremamente poderosa porque lhe dão as ferramentas para transformar seu cérebro e, consequentemente, sua vida. Mas com grandes poderes vem grandes responsabilidades. Agora que você tem o conhecimento e as ferramentas, deve se responsabilizar por seu relacionamento com suas experiências.

## Como você quer ser visto

Recentemente, uma das minhas clientes, Katelyn, reclamou: "Quero que meu marido faça as obrigações de casa dele, mas receio que se eu continuar lembrando-o, ele vai pensar que eu sou uma chata".

Essa é a forma mais comum das pessoas desistirem de seu poder. Elas temem que as outras as julguem, por isso renunciam às suas necessidades. Porém, o autossacrifício, é baseado em uma compreensão errada das relações humanas: que a única maneira de conseguir que as pessoas gostem de você é colocando as necessidades delas à frente das suas.

Para ser uma pessoa genuinamente positiva, substitua seu autossacrifício por um compromisso com seus valores essenciais. Katelyn valoriza a gentileza e a confiança, por isso ela expôs estes valores para o marido, dizendo: "Eu sei que você não gosta de limpar, e para ser gentil com você, faço muitas de suas tarefas. Mas eu não estou sendo gentil comigo mesma porque isso sempre me deixa exausta. Além do mais, fico secretamente ressentida, o que corrói a confiança entre nós. Vamos fazer um *brainstorm* das maneiras que podemos administrar as obrigações da casa sendo gentis um com o outro e criando mais transparência".

Você não pode controlar a opinião das outras pessoas a seu respeito, mas pode comunicar os valores que está comprometido a realizar em seus relacionamentos.

## Como está a sua vida

> "Mas e se a outra pessoa não mudar?
> Apesar de você comunicar seus valores"

Tentar mudar quem não quer é um caminho rápido para o ressentimento, o desespero e a ansiedade. Em vez disso, concentre-se no que está sob seu controle e assuma a responsabilidade de se manter com seus valores, não importa o que aconteça. Quando meu cliente Matt disse a seu chefe que ele precisava se manter longe do celular aos sábados para passar um tempo com a família, seu chefe resmungou: "Ou você valoriza o sucesso ou você se desconecta aos sábados. Não tem como ter as duas coisas". Matt explicou que ele valorizava o sucesso e a família e apresentou várias ideias de como ele poderia honrar esses dois valores. Infelizmente, seu chefe não cedeu.

Se Matt tivesse se rendido e trabalhado todos os sábados para o resto de sua vida, ele se sentiria como uma vítima indefesa. Mas ele estava no caminho para a positividade, então, em vez disso, assumiu a responsabilidade por sua experiência, comprometendo-se com seus valores. Conseguiu um novo emprego e deixou claro para seu novo chefe que os fins de semana são para a família. É importante notar que, neste cenário, Matt teve que lidar com muitos pensamentos negativos durante o período em que estava tomando a decisão de encontrar trabalho em outro lugar. Confrontar seus valores com seus pensamentos negativos pode ser muito desconfortável, e ele teve que aceitar o desconforto, mas o resultado se alinhou verdadeiramente aos seus valores, o que o fez se sentir mais forte e realizado.

## Como você gasta seu tempo

> "Mas se eu me comprometer com meus valores
> e parar de me sacrificar pelos outros, as pessoas
> não gostarão e eu acabarei sozinho."

Se esse pensamento já lhe passou pela cabeça, respire fundo e tenha um pouco de autocompaixão. É horrível viver com o medo de que ser fiel a si mesmo resultará em abandono, mas a verdade é que algumas pessoas sairão de sua vida quando você assumir a responsabilidade de viver de acordo com seus valores. No entanto, sabe o que mais vai acontecer? Novas pessoas aparecerão, e elas aceitarão e até mesmo irão compartilhar os seus valores.

Sim, você terá que lidar com o desconforto de decepcionar outras pessoas. Mas, em troca, conhecerá companheiros — pessoas com afinidade que valorizam e respeitam suas prioridades — e passará seu tempo fazendo coisas que realmente gosta. Eu diria que isso é uma troca muito boa, não é verdade?

Sua vida, seu tempo e seus pensamentos estão em suas mãos. Como você escolherá gastá-los, meu corajoso leitor?

## FAÇA ISTO: ASSUMA A RESPONSABILIDADE

A decisão mais importante que você irá tomar é assumir a responsabilidade pelo seu relacionamento com todas as suas experiências. Eu chamo isto de "responsabilidade radical".

Em seu diário, comece refletindo sobre todas as razões pelas quais você considera ser difícil ou impossível atingir o objetivo que estabeleceu no início deste livro. Não se julgue ou guarde qualquer coisa que lhe venha à mente enquanto estiver fazendo isso. Lembre-se, pensamentos negativos não são ruins; eles ajudam a criar autoconsciência e direcionam seus esforços de desenvolvimento pessoal enquanto você avança.

As respostas mais comuns incluem: ela vai pensar que eu não a amo. Ele vai me demitir. Ela não vai querer ser minha amiga. Ele perderá o respeito por mim. Não tenho jeito. Não sou inteligente o suficiente. Não tenho as conexões certas. Não tenho tempo. Vou ganhar menos dinheiro.

Então use o pensamento positivo para abordar este objetivo com uma atitude de responsabilidade radical.

1. As histórias que você acabou de escrever são cem por cento verdadeiras? Que evidência você tem para sustentá-las? Existem exceções ou casos em que isso não é verdade?
2. Existem perspectivas mais realistas e úteis que você poderia aplicar na sua situação? (*Dica*: lembre-se de resiliência, otimismo e diálogo interno positivo.)
3. O que está em seu controle?
   - Você pode discutir com outra pessoa sobre seus valores e necessidades?
   - Você pode abandonar ou mudar seu relacionamento com a pessoa ou organização que atualmente é um obstáculo para você?
   - Você pode se desprender da opinião de outra pessoa a seu respeito e focar na experiência positiva de viver sendo fiel aos seus valores?
   - Você pode mudar a maneira como está encarando ou medindo o objetivo a fim de reduzir a sua resistência e continuar progredindo?

Finalmente, faça um resumo de seu novo plano de ação, alimentado pela responsabilidade. Que novos pensamentos, sentimentos e comportamentos você se comprometerá para conseguir o que mais importa?

## VALORIZE-SE

Com todo este discurso sobre assumir radicalmente a responsabilidade por sua vida, seus pensamentos e suas escolhas, você pode estar se sentindo um pouco assustado. Assumir a responsabilidade pode facilmente se transformar em culpar-se sempre que algo dá errado.

No entanto, responsabilidade é sobre se sentir capacitado para progredir em direção a seus objetivos, concentrando-se no que você pode controlar. Se você está se colocando para baixo com a culpa, você não está fortalecido, e quando se sente mal consigo mesmo, sua energia diminui. Uma pesquisa realizada por Brené Brown mostra que a culpa e a responsabilidade têm uma relação inversa; ou você gasta sua energia reclamando dos seus erros, ou pode dedicá-la ao processo delicado de tentar (e talvez falhar) novamente.

No caminho para a positividade, *responsabilidade = aceitação + não julgamento + ação.*

Quando algo dá errado, pratique a aceitação estando disposto a ver a realidade como ela é. Então, como se você fosse um cientista em um laboratório, analise o resultado. De que forma diferentes variáveis, como seus pensamentos, sentimentos, comportamentos e ambiente, influenciam nos resultados? Quais variáveis você vai utilizar para obter um melhor resultado na próxima vez? Lembre-se, sua vida é um projeto criativo, não uma corrida a ser vencida.

## Evite a armadilha da comparação

Se, durante o processo de experimentação você perceber que seu vizinho já alcançou o resultado que você está trabalhando para atingir, você pode se sentir invejoso ou desanimado. No entanto, a responsabilidade radical direciona sua energia de volta ao que você pode controlar, e isso sempre começa com seus pensamentos.

Quando você se encontra preso na armadilha de comparação, há duas estratégias de pensamento positivo que vão mantê-lo progredindo. Primeiro, lembre-se de seus valores; eles são suas métricas fundamentais de sucesso. Se seu objetivo é se tornar o diretor de RH de uma empresa da Fortune 500 e você valoriza bem-estar, viagens e gentileza, talvez você atinja seu objetivo de forma mais lenta que seu colega de escola mediano que valoriza a eficiência e o reconhecimento. Isso não significa que você está falhando. Em vez disso, significa que você está buscando seus objetivos de forma única e de acordo com seus valores.

Em segundo lugar, transforme sua comparação em motivação. Nos sentimos mais motivados quando acreditamos que nossos objetivos são atingíveis. Se seu melhor amigo se casa, encare isso como um lembrete de que encontrar sua alma gêmea é possível, não importando quantos encontros ruins você já tenha tido. Inspire-se nos sucessos de outras pessoas, deixando que eles o motivem a continuar. Por causa de seus valores únicos, você alcançará seus objetivos de uma maneira e em um cronograma diferente, mas vai chegar lá.

## Você é apenas humano

> "Mas e se eu não viver de acordo com meus próprios valores? Eu sabotei meu próprio sucesso uma vez atrás da outra, e sou responsável pelo meu fracasso. Como posso não me odiar?"

A verdade é que ninguém cria a dor a menos que esteja em sofrimento. Pare e deixe-se abater por isso por um momento. Agora explore mais profundamente o que está impulsionando toda a sua "autossabotagem" e seus erros. Se você está ferindo alguém que ama, você agiu por sofrimento e insegurança? Se você é viciado em comida, drogas ou álcool, quais são as necessidades que está tentando satisfazer? Que medo você está tentando acalmar? Todos cometemos erros quando não estamos no nosso melhor momento; bem-vindo à experiência de ser humano. Mas o que é mais importante para você: seus arrependimentos ou seus objetivos? Seu passado ou seu futuro?

Se você quiser avançar no caminho da positividade, investigue pensamentos, sentimentos e circunstâncias que contribuem para os seus erros, então opte por perdoar a si mesmo, abandonando essa história. Você vai desanuviar sua mente para encontrar soluções criativas e tomar medidas significativas para o futuro.

## Sinta seus sentimentos

Deixar de culpar-se é um processo, não um esforço feito uma única vez. A neuroplasticidade lhe dá o poder de criar uma mente ao longo do tempo por meio de hábitos diários de pensamento positivo.

Você pode ter se perdoado por seus erros, mas não se surpreenda se acordar amanhã e mais uma vez sentir remorso. Não resista! Lembre-se, evitar suas emoções negativas é como estar preso em areia movediça — quanto mais você tenta escapar, mais fundo irá afundar. Em vez disso, sinta seus sentimentos e pratique a técnica PAIN. Lembre-se de por que você escolheu se perdoar anteriormente e o que está fazendo para assumir a responsabilidade de criar um resultado melhor no futuro. Após várias repetições, sua perspectiva padrão sobre esta situação mudará.

## POSITIVIDADE NA PRÁTICA

Este capítulo estava repleto de sugestões sobre como perceber a sua dor, lidar com o desconforto e comprometer-se à responsabilidade radical de viver de acordo com seus valores. Estas nem sempre são as escolhas mais fáceis de se fazer, mas são, como tenho certeza que você descobriu, as escolhas mais saudáveis e gratificantes, e o apresentam a uma versão mais sólida de positividade que você jamais poderia imaginar. Antes de passarmos ao próximo capítulo, tenho mais uma pergunta para você:

Como você irá celebrar este marco de uma forma que se alinhe aos seus valores? Lembre-se, saborear o prazer da celebração o ajudará a articular os novos pensamentos e comportamentos que começou a desenvolver neste capítulo. E compartilhar sua celebração e *insights* com outra pessoa também contribui para as relações positivas em sua vida.

"O perfeccionismo é um escudo
de vinte toneladas que carregamos
pensando que irá nos proteger
quando, na verdade, é realmente
a coisa que está nos impedindo de voar."

– BRENÉ BROWN

CAPÍTULO QUATRO

# Tomando medidas

Você deve estar se perguntando por que eu o tenho chamado de meu corajoso leitor. Afinal de contas, não nos conhecemos. Então como posso fazer essa suposição? Bem, porque você está aqui. E como você já viu, o caminho para a positividade, consistentemente, tira você da sua zona de conforto, e é preciso coragem para permanecer leal a este caminho.

Neste capítulo, você vai potencializar ainda mais essa coragem ao elevar seus objetivos para o próximo nível. Você aprenderá como superar os tropeços que ameaçam desviá-lo do caminho, como medos, incertezas, perfeccionismos e falta de motivação. No fim, você não só se sentirá mais positivo, mas também saberá, lá no fundo, que é repleto de coragem. Vamos lá!

## ABRAÇE A IMPERFEIÇÃO

"Perfeita" era meu nome do meio quando cresci. Tinha as notas perfeitas. Era a mais jovem estrela na peça da escola e a capitã da equipe de líderes de torcida. Namorava o garoto mais popular da escola, vestia calças jeans número 34 e meu currículo perfeito era recheado de viagens para trabalhos voluntários e liderança comunitária.

Está com ciúmes? Não sinta. Tentativas de perfeccionismo sempre incluem um efeito colateral: sofrimento. Eu sempre me sentia ansiosa porque cada encontro social incluía o risco de que alguém descobrisse que realmente eu era apenas uma nerd atormentada pela insegurança. Eu não tinha amigos de verdade porque confiar nas pessoas exige vulnerabilidade e isso não se alinhava à minha imagem de perfeição. Mantinha meu corpo de líder de torcida com distúrbio alimentar. Eu não podia desapontar outras pessoas, o que significava que eu tinha que abrir um sorriso falso e fazer muitas coisas que eu não gostava. Eu engoli tantas destas pílulas perfeccionistas que contribuíram para o meu colapso completo em depressão.

O perfeccionismo não se trata de excelência; trata-se de medo. Tememos ser rejeitados, demitidos, não valorizados, não amados ou indignos de nossos objetivos, se não conseguirmos acertar *completamente* as coisas. Mas quando nós não controlamos nossos medos, eles nos controlam — nos conduzindo à ansiedade, inautenticidade e autocrítica. Isso é a base do livro de Brené Brown, *A arte da imperfeição*. Ela argumenta que quando abraçamos nossas falhas, encontramos a coragem de superar o medo paralisante, a autoconsciência, e nos tornamos mais conectados e compassivos conosco e com os outros.

## Paralisia da perfeição

Não há nada de errado em lutar por padrões elevados, mas você sabe que entrou no território perfeccionista quando passa a buscar padrões excessivamente exigentes e autoimpostos. De acordo com uma pesquisa documentada em 2017 na revista *Mindfulness*, vários tipos de distorções cognitivas negativas sustentam o perfeccionismo, incluindo avaliações de sucesso "tudo-ou-nada", um diálogo interno que incorpora "deverias" e "poderias", e foca no negativo, descartando o positivo. Quando você falha em alcançar seus próprios padrões, isso leva a autocrítica e a comportamentos contraproducente como fazer listas e preparar-se em excesso. Pesquisadores demonstraram que essas estratégias lhe dão um sentido fugaz de controle, mas, em última análise, prejudicam seu desempenho, porque drenam sua energia, ocupam um tempo valioso e reafirmam seu medo de fracasso.

Esta é a paralisia da perfeição: quando o esforço de ser impecável deixa seu progresso, produtividade e bem-estar emocional deficiente. Como Voltaire uma vez escreveu: "o ótimo é o inimigo do bom".

## Mais do que "bom o suficiente"

Aqui está outra ironia sobre o perfeccionismo: quando você atender a esses padrões disfuncionais, em vez de desfrutar de sua realização, você rapidamente reavaliará esses parâmetros como "pouco exigentes". A montanha vai ficando cada vez mais alta, e você nunca olha à sua volta para apreciar a vista.

É importante lembrar que nada do que você faça escapa das críticas. Não importa quão bem você crie seu filho, quão em forma você seja, quão grande esteja seu negócio, alguém sempre será capaz de encontrar falhas. (E muitas vezes esse alguém é você.) Mas tudo bem, porque superar o perfeccionismo não se trata de evitar o feedback; trata-se, primeiramente, de corrigir o pensamento distorcido que o trouxe até aqui.

Quais são os padrões que você estabelece para si mesmo, pessoal e profissionalmente? Eles são justos, razoáveis e realistas? Será que eles fazem você se sentir confiante e acolhido? Quais são as consequências de ter esses padrões? Qual seria um padrão alternativo mais adequado? (Pontos de bônus se você alinhar seu padrão aos seus valores.)

Quando se substitui o perfeccionismo por padrões elevados, porém saudáveis, você quase sempre descobre que está realmente fazendo o trabalho muito melhor do que pensava.

## Prática acima da perfeição

Depois de estabelecer melhores padrões, é importante usar técnicas de pensamento positivo para fortalecer seu progresso futuro. Evite distorções cognitivas do tipo "eu me descontrolei e belisquei antes do jantar. Claramente não tenho força de vontade". Sério? Um deslize significa que você não tem força de vontade? Isso anula todas as outras experiências da sua vida em que você demonstrou força de vontade? Em vez de um fracasso total ou sucesso completo, qual é a maneira mais adequada de avaliar seu progresso?

Do mesmo modo, se você é um perfeccionista, é provável que se fixe na única pergunta que você errou em vez das trinta que acertou. Para contrariar este padrão de negatividade, comprometa-se a uma prática de documentar o seu progresso. Saiba que seu cérebro contorna naturalmente seus sucessos, e que é sua responsabilidade se concentrar no que está dando certo, pelo menos, na mesma forma do que está dando errado. Este senso de progresso consistente fará você experimentar a alegria do crescimento e melhoria pessoal, em vez de a constante angústia de ficar aquém das expectativas.

Ao trabalhar em prol de seus objetivos, confie nesta fórmula:

*esforço consistente + pensamento positivo = progresso incrível*

Em outras palavras, repetir hábitos, sendo gentil consigo mesmo, aprendendo com suas experiências e celebrando suas conquistas, irá, inevitavelmente, levar a melhorias e excelência.

## FAÇA ISTO: ENFRENTE SEUS MEDOS

O medo destrói mais os sonhos do que o fracasso. No entanto, não é o medo em si que atrapalha; é a relação que você tem com ele. O medo não pode impedi-lo de se demitir de seu emprego ou embarcar em um avião. Afinal de contas, ele é apenas uma experiência que acontece dentro de sua mente e de seu corpo. Somente você pode escolher como quer responder a essa experiência, e quando você está lidando com medo, a única saída é seguir adiante.

Dois tipos de medos tendem a sabotar o progresso em seus objetivos: o medo do que você terá que passar a fim de alcançar esse objetivo, e o medo do que você vai perder ou ganhar quando alcançá-lo. Em outras palavras, a razão de você não agir em total alinhamento com seu objetivo é porque há uma lacuna entre o que você diz que quer e o que realmente sente-se confortável em mudar ou criar.

Com isso em mente, pegue seu diário e responda as seguintes perguntas a fim de descobrir quais são os medos que estão inibindo o progresso no objetivo que você estabeleceu para este livro.

1. Que desconforto ou vulnerabilidade terei que enfrentar a fim de alcançar meu objetivo?
2. Quais são os benefícios de permanecer na minha zona de conforto? Que desconforto posso evitar?
3. Uma vez alcançado esse objetivo, como minha vida mudará? Por exemplo, eu serei responsável por quais coisas novas? Que pessoas estarão por perto? Quais serão as expectativas sobre mim? Como isso afetará o meu tempo? Como isso afetará a minha relação? Como isso afetará minha renda? Como eu me sinto sobre estas mudanças? Confio em mim mesmo para sustentá-las e mantê-las?
4. O que minha família vai pensar de mim quando eu atingir esse objetivo? E quanto aos meus amigos? Minha comunidade? O mundo? Minha força superior?
5. O que terei que perder ou desistir para conseguir esse objetivo?

Identificar seus medos é desconfortável, mas agora você sabe quais são e tem o poder de reagir a eles com sabedoria. Usar as ferramentas de pensamento positivo que está aprendendo neste livro o ajudará a trabalhar com seus pensamentos, suas emoções, e seus comportamentos para que possa enfrentar lentamente esses medos e voltar ao caminho do que realmente importa.

## ABRINDO-SE ÀS INCERTEZAS

John estava saindo com Ashley há cerca de seis meses, mas hesitava em chamá-la de namorada. "Eu quero ter certeza absoluta de que ela é a escolha certa", disse ele, "então vou lhe enviar vários questionários de compatibilidade. Se todos os testes indicarem que somos compatíveis a longo prazo e eu calcular que temos noventa por cento de probabilidade de ficarmos juntos, então oficializarei".

Talvez isso lhe pareça uma maneira extremamente "racional" de ver o namoro. Porém, atrás do jeito "lógico" de John está escondida sua incapacidade de tolerar a incerteza, o que causa ansiedade excessiva e desafios. Quando uma verruga apareceu em seu dedo, John passou a noite acordado pesquisando no Google as possíveis causas. Ele não procurou a mãe "hiperemotiva" porque não sabia "exatamente com o que estava lidando". Ele ficou dois anos em um trabalho que odiava porque preferia "continuar em território conhecido".

Uma pesquisa de 2012, publicada na revista *Behaviour research and therapy*, mostra que as pessoas que não podem tolerar a incerteza superestimam a probabilidade de resultados negativos, o que perpetua a preocupação e interfere na resolução de problemas e no desempenho. Na realidade, se você está experimentando uma nova receita ou lidando com uma grande transição de vida, o sucesso nunca é uma coisa certa, então a resistência à incerteza é inútil. No caminho para a positividade, seu objetivo não é superar a incerteza, mas saber lidar com ela.

### Projeções futuras

Discutimos os benefícios do otimismo no capítulo 2. Quando você espera coisas boas, isso não só o faz sentir-se energizado e motivado, como também aumenta suas chances de sucesso. Em um contexto de incerteza, o otimismo não é esperar que tudo saia conforme o planejado; ao contrário, trata-se de abraçar o que você não pode controlar: "Eis o que eu sei, e eis o que eu não sei. Embora eu não tenha todas as informações, vou continuar avançando e esperando coisas boas. Se eu cometer um erro, serei capaz de recuperar e aprender com essa experiência para fazer melhor da próxima vez".

Esta mentalidade exige que você se mantenha longe do "e se", já que esta obsessão em prever o futuro é uma distorção cognitiva que reforça os níveis de angústia. Além disso, se sua atenção está no futuro, então você tem menos recursos disponíveis para lidar com o momento presente. John, por exemplo, estava tão preocupado em descobrir onde ele estaria com Ashley em vinte anos, que não estava dedicado a construir um melhor relacionamento com ela no dia a dia.

## Muitas possibilidades

"Um objetivo, muitos caminhos." Lembrar este mantra é uma das melhores ferramentas para lidar com a incerteza porque evita que você se sinta emocionalmente dependente da obtenção de apenas um resultado. Se você quer se tornar um professor de ioga, mas não tem certeza se será capaz de encontrar um emprego em um mercado competitivo, volte aos seus valores e seus "porquês" para explorar possibilidades alternativas. Talvez você seja atraído para a ioga porque quer ajudar outros a terem uma aceitação melhor de seu corpo. De que outra forma você poderia cumprir esse desejo até que seu trabalho dos sonhos apareça? Você poderia começar um canal no YouTube para falar sobre *body positivity*? Ou criar um comitê de bem-estar holístico na empresa em que trabalha?

Esta flexibilidade psicológica não pede que você abandone sua busca de se tornar um professor de ioga; ao contrário, ela ajuda você a lidar com a inevitável incerteza desta jornada. É menos provável você desistir de sua missão ou se sentir fracassado se estiver disposto a trocar o controle completo do resultado para um compromisso com os valores subjacentes que o conduzem nesta direção.

## Esteja disposto a aceitar o fracasso

Quanto mais você abraça o fracasso como um passo para o sucesso, mais chances têm de atingir seus objetivos. Uma pesquisa da Universidade de Columbia mostrou que as notas de ciência dos estudantes do ensino médio melhoraram depois de aprenderem sobre as falhas de Einstein e Marie Curie, enquanto os estudantes que só aprendem sobre as realizações dos cientistas viram suas notas abaixarem.

O fracasso será parte de cada jornada significativa que você embarcar, então aceite esta experiência como um convite à reflexão. Se não alcançar o resultado pelo qual está lutando, pergunte a si mesmo o que de bom veio dessa experiência. Quais pontos fortes, recursos e percepções você desenvolveu que o empoderarão para ter um futuro melhor?

## FAÇA ISTO: TOLERE A INCERTEZA

Quando se trata de seu objetivo, que tipo de incerteza você está encarando? Em seu diário, escreva uma lista de pelo menos cinco coisas que você não tem certeza. Inclua questões pequenas, como o que você vai comer no jantar desta noite, por exemplo, assim como perguntas maiores, como onde você vai morar daqui a um ano ou onde vai estar em sua carreira em cinco anos.

Em seguida, reflita sobre como você se comporta quando estas incertezas surgem. Quais são suas estratégias favoritas para evitá-las, ignorá-las ou tentar contorná-las? Você faz listas extensas? Busca vinte vezes conselhos de seu amigo? Toma uma bebida? Procrastina? Verifica seu trabalho três ou quatro vezes (e depois faz isso cinco vezes mais)? Distrai sua mente com música alta? Lembre-se, não se julgue enquanto está fazendo este trabalho de descoberta. Pratique a aceitação de suas imperfeições e hábitos negativos em primeiro lugar; mude-os em segundo lugar.

Depois, coloque sua capa e ative seus superpoderes da neuroplasticidade. Reflita sobre os três aspectos de sua experiência e que mudanças positivas você pode implementar em uma ou em todas elas:

1. Pensamentos: quando estas experiências de incerteza surgem em sua mente, que pensamentos positivos você pode praticar? O que você escolherá se lembrar em relação à incerteza, "fracasso", resiliência e/ou resultados alternativos?
2. Emoções: não se pode ter certeza diante da incerteza. Então, o que você gostaria de sentir em vez disso? Como você pode manter a incerteza e outras emoções positivas ao mesmo tempo?

3. Comportamentos: que comportamentos saudáveis você pode escolher para ajudá-lo a permanecer presente e agir nas circunstâncias de incerteza, em vez de evitá-las? (*Dica*: meus comportamentos favoritos são respirações profundas, gargalhadas e abraços fortes.)

Depois de completar o exercício, aqui está algo a ser mantido em mente: mudar sua reação a pensamentos negativos, sentimentos ou comportamentos é uma prática contínua, não um exercício único. Cada vez que você mudar uma distorção cognitiva em um contexto de circunstâncias incertas, dedique cinco minutos para escrever sobre a experiência e responder as seguintes perguntas: Qual foi a circunstância? Você mudou o pensamento, a emoção e o comportamento, ou todos os três? Como essas mudanças afetaram sua experiência? Qual foi a ajuda mais adequada? Que impacto essas mudanças tiveram sobre sua capacidade de atingir seu objetivo? Toda vez que você usar esta abordagem consciente em seus esforços de mudança, você melhora suas habilidades naturais para reagir a experiências incertas com confiança e graça.

## OLHO NO PRÊMIO

Neste ponto do livro, você já está munido com todo o conhecimento e ferramentas necessários para abordar seus objetivos com otimismo, resiliência e positividade, mas também pode estar se perguntando, "Que diabos devo fazer agora?".

Boa pergunta! Vamos começar lembrando o objetivo que você estabeleceu no capítulo 1 e que pode ter sido ajustado também no capítulo 3 para se alinhar aos seus valores. Digamos que seu objetivo é usar habilidades de pensamento positivo para fazer duas amizades sinceras nos próximos seis meses. Avance para exatamente seis meses a partir de hoje, quando você estabelecerá com sucesso essas amizades. O que você está fazendo? Com que tipo de pessoas você está? Que hábitos você possui? Que qualidades você personifica? O que você deixou para trás? Que pensamentos você está tendo?

As coisas podem não se materializar exatamente como você imagina, mas a ideia é deixar tão claro quanto possível para que o caminho em direção ao objetivo se torne transparente.

## FAÇA UM PLANO

Uma pesquisa publicada em 2002 na revista *British journal of health psychology* mostra que a criação de um plano de ação claro faz com que você tenha três vezes mais chances de atingir seus objetivos. O simples ato de anotar quando e onde você pretende implementar suas intenções o torna mais confiante, capaz e motivado. Ao elaborar seu plano, lembre-se que transformar sua vida por meio da neuroplasticidade positiva é sobre desenvolver novos hábitos de pensamentos, emoções e comportamentos. A repetição regular é fundamental.

De acordo com nosso exemplo anterior, para construir uma amizade, você terá que passar duzentas horas com alguém, conforme uma pesquisa publicada no *Journal of social and personal relationships*. Talvez você decida se juntar a um coral porque os membros compartilharão sua paixão pela música e é uma maneira fácil de passar essas horas. Mas não pare por aí. Vá até os elementos práticos e logísticos de seu plano: encontre o coral específico ao qual você quer se juntar, pague por três meses, e coloque os ensaios de domingo na sua agenda.

Além de se apresentar (um comportamento), você também pode perceber uma necessidade de diminuir sua ansiedade social (pensamentos e emoções) para se abrir às pessoas. Reserve um tempo a cada semana para trabalhar nisso e desafie seus pensamentos negativos sobre por que socializar é inseguro ou desconfortável. Equilibre seu padrão de negatividade praticando a técnica "encare, nutra, sinta" cada vez que você tiver uma interação positiva com outras pessoas.

### Simplifique

Uma vez tive uma cliente que decidiu que iria fazer tudo em seu alcance para reduzir as constantes inflamações em seu corpo. Ela decidiu que deveria eliminar o açúcar e os laticínios, e praticaria diariamente qigong (trabalho/exercício de origem chinesa) e meditação, além de ingerir uma combinação de açafrão-da-terra e leite vegetal e o equivalente a três xícaras de vegetais. Depois de uma semana, ela ficou tão sobrecarregada com todas essas mudanças que decidiu desistir completamente.

Se você quer atingir seus objetivos, o KISS deve ser seu plano de ação: ***Keep It Sweet and Simple*** (mantenha simples e agradável, em tradução livre). Escolha não mais do que dois hábitos concretos para desenvolver no mesmo momento. Depois de ter interiorizado esses hábitos, escolha mais dois.

## Agindo

Você se conhece — já estabeleceu objetivos que conseguiu atingir no passado e outros que caíram por terra. Reserve alguns minutos para mapear os fatores que o ajudaram a se manter no caminho certo quando *conseguiu* atingir seus objetivos e os fatores que o afastaram do rumo quando *não conseguiu*. Depois, prepare-se para o sucesso, incorporando os fatores que o ajudaram e criando planos de contingência para superar os desafios que ameaçam tirá-lo do caminho.

A armadilha mais comum é sua preferência condicionada ao conforto. Como já discutimos, mudar, mesmo quando é "bom para você", muitas vezes é desconfortável. A caminho da prática do coral, sua forma de pensar condicionada virá à tona: "Eu não estou realmente com vontade de cantar. Hoje eu não vou". Reveja a seção do capítulo 3 sobre como superar o desconforto (página 72) para criar um plano de superação desses impulsos.

A outra armadilha comum ocorre quando a vida lhe dá uma rasteira. Por exemplo, se você quebrar seu tornozelo, talvez não consiga dirigir até o coral. Nessas circunstâncias, lembre-se de seu mantra: "um objetivo, muitos caminhos". Eu recomendo que execute a estratégia gerencial pré-mortem, na qual você lista tudo o que poderia atrapalhar a execução de seu plano e, em seguida, as soluções para continuar progredindo.

## FICAR MOTIVADO

Você perde a motivação quando a vida lhe dá muitas rasteiras ou quando demora muito tempo para atingir seus objetivos? Isto é uma reação normal a uma situação comum, mas felizmente é também um obstáculo que você pode superar ao incorporar suas fontes naturais de motivação aos seus planos de implementação.

Estamos todos motivados para satisfazer nossas necessidades básicas e, portanto, para ganhar dinheiro também. Mas em seu livro *Motivação 3.0 – Drive: a surpreendente verdade sobre o que nos motiva*, Daniel Pink mostra que "o melhor uso do dinheiro como motivador [vem de] pagar às pessoas o suficiente para tirar a questão do dinheiro da mesa". Em outras palavras, certifique-se de que você está ganhando dinheiro o suficiente para não ter que pensar em dinheiro constantemente. Uma vez que você faz isso, ilustra o autor, há três fatores motivacionais intrínsecos que levam a um melhor desempenho e satisfação pessoal: autonomia, maestria e propósito.

**Autonomia** é o desejo de dar nossas próprias ordens e dirigir nossas próprias vidas.

**Maestria** é o nosso desejo inato de melhorar.

**Propósito** é nosso desejo de ter um impacto sobre outras pessoas.

Reflita sobre três vezes em sua vida em que você se sentiu altamente motivado. O que o deixou tão energizado? E quanto às três vezes em que se sentiu desmotivado e, consequentemente, não fez algo que "deveria" ter feito. O que estava faltando? As respostas a estas perguntas revelarão qual das três fontes motivacionais é mais energizante para você. Utilize-a em seus objetivos e planos de ação para capacitar-se com motivação consistente.

# SUA MENTE SÁBIA

Falamos muito sobre perseguir seus objetivos, criando novos hábitos em seus pensamentos, emoções e comportamentos. Mas não deixe que toda essa ênfase no progresso em direção ao futuro desencadeie uma ideia de que a pessoa que você é hoje não é, de alguma forma, suficiente. Você diria a seus amigos que tiveram um bebê recentemente que mal pode esperar até que ele cresça e se torne "suficiente"? Absolutamente não. Você estará animado em acompanhar como a criança se desenvolve, mas ao mesmo tempo, você desfrutará como ela é agora. Esta é também a atitude que você deve cultivar em relação ao seu desenvolvimento pessoal. (Lembre-se da regra do pensamento positivo número três do capítulo 1: fale com você mesmo da mesma maneira que falaria com seu melhor amigo.)

## Aceitando a si mesmo

Uma das áreas em que temos a tendência de nos virarmos contra nós mesmos é quando estamos lutando com dúvidas, hesitações e indecisões. Ano passado, por exemplo, comecei a desejar sair da cidade e me mudar para uma fazenda. Meu coração se anima com essa ideia, mas meu cérebro me diz que é ilógico. "Calem a boca, emoções! Vocês estão sendo tão insensatas!" ou: "Cale a boca, cérebro! Só porque vai ser difícil não significa que seja uma má ideia!".

Este tipo de diálogo interno negativo em relação a seus pensamentos, emoções e confusão é uma forma de resistência, que como você já conhece não ajuda a se sentir confiante ou acolhido e, portanto, não é parte de seu caminho para a positividade. Em vez disso, é importante aceitar todos os aspectos de sua experiência e lembrar-se que se sentir confuso ou em conflito é uma parte natural da vida.

Que situações geram confusão entre seu coração e sua mente? Você tenta rejeitar um em favor do outro? Uma vez que você pratica aceitação, pode entrar em contato com o que a psicóloga Marsha Linehan chama de Mente Sábia: o lugar onde seus pensamentos, emoções, experiências e intuição corporal se unem para formar uma abordagem de pensamento e reação que equilibra as emoções e a razão. O pensamento excessivamente emocional pode turvar nosso julgamento por ser muito reativo, produzindo decisões impulsivas, enquanto o pensamento excessivamente racional pode obscurecer nosso julgamento por ser muito frio, produzindo decisões que carecem de paixão. A Mente Sábia é uma combinação dos dois e nos encoraja a abordar as experiências a partir de um "meio-termo".

À medida que você aprender a utilizar a perspectiva da Mente Sábia, observe todos estes aspectos de sua experiência sem julgamentos e pergunte-se o seguinte: "O que eu sei que é verdade? O que é mais verdadeiro ainda do que isso?". Continue até encontrar uma visão que, intuitivamente, parece certa. Você saberá que acertou porque sentirá seu corpo diferente: com "os pés no chão" e seguro, mas também animado.

## Suas conquistas não são mágicas

Uma parte crucial de se conectar à sua Mente Sábia é olhar para seu próprio passado. Jasmine, uma antiga cliente tinha sido diagnosticada com diabetes e teve que mudar toda sua dieta a fim de melhorar sua vida. Ela perguntou: "Como vou fazer isso? Eu nem sequer sei por onde começar. Sou tão viciada em carboidratos, que não acho que poderei abandoná-los".

Pedi a Jasmine para refletir sobre os momentos em que ela havia conseguido fazer mudanças no passado. Ela recontou histórias sobre ter que fazer novos amigos a cada ano quando criança porque seus pais se mudavam muito, e como teve que reduzir todos os custos de sua vida durante a recessão, e quando perdeu o emprego. Refletimos sobre o quanto estas conquistas provavam que ela é forte e resiliente e como poderia aproveitar os mesmos pontos fortes e o incentivo de pessoas, como fez no passado, a fim de alcançar seu novo objetivo de bem-estar.

Da mesma forma, as suas conquistas não são mágicas — você trabalhou duro para chegar onde está hoje. No passado, o padrão de negatividade pode ter feito você entender seus sucessos como trivialidades, mas isso não os apaga de sua memória. Se você estiver se sentindo confuso, olhe para trás e veja como lidou em circunstâncias similares anteriores. A sabedoria de sua própria experiência o aguarda.

## Você não pode estar certo o tempo todo

Meu cliente David frequentemente confundia a Mente Sábia com o entendimento popular de intuição: sentimentos instintivos. Ele tinha o instinto impulsivo sobre algo e imediatamente agia. Isso muitas vezes o orientou mal porque seu instinto não era conduzido por um processo mais profundo, lento e reflexivo que descrevi anteriormente, mas por uma reação automática condicionada por seu passado. Da mesma forma, se você estiver em um estado extremamente emocional ou exausto, é difícil de compreender sua experiência com uma mente aberta e curiosa. É por isso que é necessário dar um passo atrás em relação às emoções de uma experiência. Este "autodistanciamento", como os psicólogos chamam, é crucial para cultivar sua Mente Sábia.

Parte do pensamento positivo significa aceitar plenamente o fato de que as coisas não parecerão cem por cento claras o tempo todo, e perceber que você nunca poderá ter todas as informações. Quando você está comprometido a aprender com seus erros, em vez de julgá-los, trabalha com os aspectos de sua experiência que estão dentro de seu controle, então poderá descansar sabendo que está no caminho certo e ficar satisfeito com a situação em que se encontra no momento presente.

## Não peça desculpas (a menos que você tenha machucado alguém)

"Mas e se eu tomar a decisão errada e magoar alguém que amo?"

Este é outro aspecto comum para confiar em nossa Mente Sábia. Meu cliente Tyler, por exemplo, queria voltar à faculdade com quarenta anos para se tornar psicólogo, mas tinha medo de não ser capaz de ser bem-sucedido em sua nova carreira e prejudicar a esposa e os filhos. Discutimos como poderia se aproximar de sua transição da maneira mais sábia, com base em suas realizações anteriores e em conselhos de outros que fizeram uma transição semelhante. Mas, em última análise, concordamos que essa transição envolveria incerteza e erros que afetariam tanto sua vida como a de sua família.

Em vez de se desculpar por quem ele era ou pelo que estava trabalhando para ser, Tyler percebeu que era muito mais adequado agradecer sua família pelo apoio. Ele também encorajou a esposa e suas crianças a fazerem escolhas que se alinhassem mais aos seus valores, de modo que cada indivíduo da família se sentisse realizado e pudesse incentivar um ao outro.

Também não peça desculpas por ser humano. Se os seus erros causaram danos a outra pessoa ou a você mesmo, reconheça essa dor. Isso é útil para explicar os pensamentos, os sentimentos e as circunstâncias que levaram ao seu erro e às suas intenções de melhorar no futuro. Então siga em frente, sentindo-se orgulhoso de estar crescendo cada dia mais sábio.

## DESCARREGUE-SE

Carregamos todos os tipos de medos nas costas (lembre-se do exercício sobre a identificação de seus medos neste capítulo). E ainda assim, acredite ou não, o medo é uma emoção natural e inteligente. Ele bate à sua porta quando há algo importante que necessita ouvir, como o soco em seu estômago que grita "Saia da rua, um carro está se aproximando!".

O problema é que o medo desencadeia uma resposta ao estresse em seu corpo, o que traz muito desconforto, de modo que seu instinto automático é se livrar desse desconforto o mais rápido possível, lutando ou fugindo do que quer que esteja causando seu medo. Por exemplo, quando está prestes a falar em uma reunião, o medo pode sussurrar: "Não erre ou todos vão rir de você". Pode parecer que a mensagem do medo é de recuar. No entanto, essa escolha só tornaria seu medo de falar em público mais assustador na próxima vez. Porque evitar não vai resolver o problema, o medo tem uma mensagem mais profunda: você está deixando o pensamento negativo comandar a sua mente. Quando você entrega o controle ao pensamento positivo, você pode aprender a deixar seus medos de lado.

## Cometendo e aprendendo com os erros

Um de nossos maiores medos é cometer erros porque acreditamos nas histórias de horror em nossa mente. Quando eu apresentei o manuscrito para este livro à minha editora pela primeira vez, estava assustada em receber o feedback dela, apontando todos os meus erros. Comecei a observar meus pensamentos, que diziam, "Se você cometeu muitos erros, a editora provavelmente irá desistir. Você terá que dizer a seus amigos que perdeu a chance de publicar e terá que lidar com o desapontamento". Este tipo de pensamento está no centro da maioria de nossos medos: acreditamos, incorretamente, que as consequências serão dramáticas e que não conseguiremos enfrentá-las.

Aceitei meus medos, agradecida por terem apontado os pensamentos negativos que eu estava permitindo estragar meu humor e comportamento. Depois, desafiei os pensamentos por trás deles: Estas previsões eram realmente precisas? Não. Existia outra forma de lidar com meus erros? Sim. Fui resiliente o suficiente para aprender e crescer com meus erros? Com certeza.

Quando recebi o feedback da minha editora, ela, de fato, apontou muitos erros na minha escrita. Entretanto, eu já estava mentalmente preparada, porque vinha praticando novos pensamentos, o que me lembrou que tive a sorte de ter um mentor me ajudando a alcançar meus objetivos e que eu era capaz de aprender com meus erros. Ao reorganizar meus pensamentos, fui capaz de calmamente absorver o feedback dela e reunir a coragem para tentar novamente.

Que erros você está preocupado em cometer em relação ao objetivo que estabeleceu para este livro? Como você pode usar o pensamento positivo para superar o medo de cometer esses erros? Você pode aceitar que os erros são necessariamente parte do progresso? Busque as lições que você aprendeu e comprometa-se a fazer melhorias. Pratique a gratidão pela forma como a experiência tem ajudado você a crescer. Lembre-se de sua resiliência. Estas são as chaves para reduzir o medo de cometer erros.

## Aceite o feedback com tranquilidade

Uma pesquisa publicada em 2007 na *Review of educational research* mostra que o feedback é uma das influências mais poderosas sobre aprendizagem e realização. E agora que você tem as ferramentas para lidar e aprender com seus erros, é capaz de pedir feedback. A chave para extrair um crescimento significativo dessas experiências vulneráveis é ouvir com curiosidade. Faça perguntas esclarecedoras e um resumo do que você ouviu. Não importa o que você esteja sentindo, responda com: "Obrigado! Vou pensar um pouco sobre isso e retorno para você".

Não leve tudo o que você ouviu para o lado pessoal. Em vez disso, consulte sua Mente Sábia. O que você está pensando? O que suas emoções estão dizendo? Você já recebeu este feedback antes? Como esse feedback pode ajudá-lo a alcançar seus objetivos? Quais são seus valores, e como eles podem guiar sua resposta?

Depois de descobrir o que é verdadeiro e útil para você, tome medidas corretivas. E aqui vai uma dica: compartilhe seu plano de ação com a pessoa que lhe deu o feedback. A consultora de liderança Jennifer Porter afirma que isso não só o ajudará a aprender, como também irá melhorar seu relacionamento porque a outra pessoa sabe o que esperar e poderá perceber que as conversas com você tiveram impacto.

## Confie em você mesmo

A chave para deixar de lado os seus medos é confiar em si mesmo. Eu não posso prometer que você nunca mais cometerá erros, mas posso assegurar-lhe que se usar as ferramentas de pensamento positivo neste livro, será capaz de lidar com qualquer experiência desafiadora e avançará em seu desenvolvimento pessoal. Para fazer isso, deixe-se confiar no poder comprovado do pensamento positivo; você pode confiar em sua vontade de tentar novamente e em sua capacidade de aprender e crescer a partir do fracasso. Pode confiar em seus valores para obter um sentido a partir desta experiência. E, finalmente, pode confiar em sua Mente Sábia e em sua incrível resiliência, meu corajoso leitor.

# POSITIVIDADE NA PRÁTICA

Neste momento você já tem um claro plano de ação para alcançar seus objetivos, e sabe como superar as armadilhas comuns desta jornada: perfeccionismo, incerteza, falta de motivação, confusão e medo. A chave para estes desafios é lembrar-se de que tentar fugir da negatividade é como tentar fugir da própria sombra: você pode tentar o quanto quiser, mas nunca terá sucesso e desperdiçará muita energia. Em vez disso, pode utilizar cada grama de experiências negativas para coragem, crescimento e autoconsciência.

Espero que você também tenha percebido que este caminho vai além de alcançar seus objetivos; trata-se de criar, experiência após experiência, a obra-prima que é você. Você não encontra a positividade ao realizar todos os desejos que já teve ou otimizar cada momento de sua vida, mas sim percebendo quem você é no nível mais profundo: uma Mente Sábia, enraizada em valores importantes, em aprender e em crescer a partir de cada experiência, cultivando pensamentos, emoções e comportamentos que o apoiam ao longo do caminho.

Até este ponto, tudo que você aprendeu sobre quem realmente é está além de suas metas, além de suas imperfeições e além de seus erros e confusões? O que se esconde atrás de tudo isso? E você confia em si mesmo, não importa o que aconteça?

"O autocuidado nunca é egoísmo, é simplesmente a boa administração do único dom que eu tenho, o dom que me foi dado na terra para oferecer aos outros".

– PARKER PALME

CAPÍTULO CINCO

# Nutrindo a positividade

O caminho para a positividade é uma maratona, não uma corrida de velocidade. Isso não significa que você não possa criar novos hábitos positivos rapidamente ou que levará muito tempo para atingir seus objetivos; na verdade, estou confiante de que você *já* realizou progressos significativos com as práticas que tem feito para reformular suas perspectivas, emoções e ações nos capítulos anteriores. Mas à medida que continuar a crescer, irá, consistentemente, ser confrontado com novas circunstâncias e desafios, e precisará de energia e apoio para manter sua prática de pensamento positivo.

Este capítulo lhe dará as habilidades e a ciência para perseverar. Você aprenderá como criar o estilo de vida e as relações que nutrem todo o esforço interno que está fazendo, incluindo o desenvolvimento ou a manutenção de técnicas de autocuidado, estabelecendo limites saudáveis, e se engajando em exercícios de compaixão que melhoram sua resiliência no trabalho com seu mundo interior e exterior. E talvez, o mais importante, você aprenderá a praticar a positividade no contexto da relação mais importante que terá: a relação consigo mesmo.

## REABASTEÇA SEU RESERVATÓRIO

O pensamento positivo lhe dá energia: otimistas têm vidas mais saudáveis e mais duradoras, e encorajar um diálogo interno o motiva a buscar seus objetivos. No entanto, você também tem que *doar* energia ao pensamento positivo. Isso requer disciplina e trabalho duro para construir novos hábitos mentais. É aí que entra o autocuidado — ele é a sua maneira de se estabelecer para o sucesso, assegurando que sempre tenha combustível para seu tanque de positividade.

A orientação mais eficaz para o autocuidado é uma inversão provocativa da clássica "regra de ouro": trate-se da maneira como você quer que seu parceiro o trate. Quando você fantasia sobre o que anseia em relacionamentos, você se permite desenvolver uma definição substantiva de autocuidado. Seu cônjuge ideal ouve entusiasticamente as suas ideias, defende suas necessidades, cozinha refeições agradáveis para você, ajuda-o a crescer, ri de suas idiossincrasias e o ama incondicionalmente. Autocuidado significa se entender com o mesmo carinho, respeito e gentileza.

## O autocuidado não é egoísmo

As pessoas frequentemente confundem autocuidado com autoindulgência. Champanhe e massagens, por exemplo, se enquadram nessa última categoria; essas são as coisas especiais que você faz por si mesmo em nome de prazer e de se mimar. O autocuidado é mais prático. É uma disciplina diária de fazer as escolhas que contribuem para o seu bem-estar. O objetivo é nutrir sua energia positiva, criando tempo para coisas que o ajudam e se afastando das coisas que drenam você. O que você lê, come e bebe todos os dias, e como isso afeta sua energia? Quanto tempo de sono você se dá? De quem são as opiniões que deixa afetá-lo? Quantas horas você se permite passar nas mídias sociais?

Ethan, um ex-cliente, estava lutando contra o relógio para abrir seu negócio, mas estava exausto e superatarefado. Ele estava ficando doente com mais frequência e precisava de um pouco mais de café para encarar o dia, e isso estava inibindo sua capacidade de pensar positivamente, e até mesmo de lidar com seus pensamentos. Quando lhe perguntei o que estava fazendo para cuidar de sua mente e corpo, ele protestou: "Todo o meu eu me é desconfortável. Não se trata do que eu preciso. Meu foco está na minha família e nos meus negócios". Depois, pedi a ele para imaginar como seria diferente para sua família e seus negócios se praticasse o autocuidado por uma semana. "Eu estaria muito mais energizado", respondeu. "Eu me sentiria melhor sobre mim, mais positivo e mais entusiasmado para ir trabalhar pela manhã e voltar para casa à noite, porque, na verdade, teria a energia para desfrutar e me dedicar às coisas que estou fazendo".

"E qual versão do Ethan você acha que seus colegas e família prefeririam? O frustrado, exausto, sentado à minha frente ou o energizado e positivo que você acabou de descrever", perguntei. Foi aí que sua ficha caiu. O autocuidado não é egoísmo; de fato, ele lhe permite trazer mais positividade em seu relacionamento.

## Conheça seus limites

Você está sempre tentando agradar as outras pessoas? Você costuma dizer sim quando realmente quer dizer não? Especialmente se você valoriza a gentileza, a colaboração e a assistência, o "sim" muitas vezes se torna sua resposta automática, antes que tenha tempo para refletir sobre as repercussões de seu comprometimento. Entretanto, quando diz sim a todos os outros, você geralmente acaba gastando mais tempo ajudando as outras pessoas a cumprirem os objetivos e os valores delas do que realizando os seus próprios. Isso muitas vezes leva ao esgotamento, ao arrependimento e até mesmo ao ressentimento: *por que eu sou o capacho de todos? Por que todos esperam tanto de mim? Por que eu sou sempre a pessoa que os outros procuram?*

Dizer não também provoca desconforto ao desapontar alguém ou ao abrir mão da aprovação dessa pessoa. *Você não é um bom [pai/cônjuge/amigo/colega] se você não fizer isso.* O importante é manter o quadro geral em mente. Claro, dizer imediatamente sim é a opção mais fácil, mas como esta obrigação afetará seu bem-estar e relacionamento em poucas horas, dias ou meses? Se você sabe que o sim vai gerar ressentimento a longo prazo, então pode dizer não de um lugar positivo, sabendo que suas intenções são boas. Comunicar porque seu "não" vem de um lugar de compaixão e preocupação também é útil para diminuir seu desconforto.

## Não há problema em ficar cansado

Quando você está motivado a atingir seus objetivos, deseja sempre que haja mais horas no dia ou que possua mais energia para dar. Mas em algum momento, você atingirá seu limite. Dar tudo de si e trabalhar com seus pensamentos fará com que fique cansado de vez em quando. Isso é perfeitamente normal, mas também é um convite para examinar seus limites e ver o que está drenando sua energia.

Minha cliente Alana se sentia perpetuamente exausta. Ela tinha três crianças e trabalhava em tempo integral, então assumia que o cansaço era inevitável. No entanto, quando olhamos com atenção para sua vida, Alana percebeu que não tinha limites com o tempo destinado ao uso de TV ou telefone, o que significava que ela raramente conseguia as oito horas de sono de que precisava. Além disso, frequentemente participava de compromissos sociais que não estava interessada e fazia coisas por seus filhos que eles poderiam facilmente fazer sozinhos. Alana decidiu criar limites apropriados como um ato de autocuidado, e com o tempo se sentiu muito melhor.

"Percebi que meus filhos são mais afetados pela minha energia do que se eu atendo ou não a cada um dos seus pedidos", disse. E ela estava certa: os limites positivos são sobre aprender a amar melhor a si mesmo e aos outros.

## FAÇA ISTO: ESTABELEÇA LIMITES POSITIVOS

Mesmo que você compre a ideia de estabelecer limites como um ato de autocuidado, é fácil ser atropelado na implementação. Por exemplo, levante a mão se você já disse algo como: "Bem, eu quero criar um limite, mas...

- eu não sei como dizer não."
- eu não quero que ela pense que não gosto dela."
- estou preocupado em aborrecer muitas pessoas."

Não se preocupe! A seguir há uma fórmula eficaz para estabelecer seus limites com compaixão. Antes de mergulhar nela, esclareça quais limites você precisa estabelecer. Pense em onde se esforça ao máximo para manter sua energia e positividade. Quais são as coisas, pessoas, lugares, atividades e padrões de pensamento que — se pudessem ser modificados ou eliminados em um passe de mágica — facilitariam com que você se sentisse positivo e enérgico?

Escolha um limite concreto que você gostaria de estabelecer com outra pessoa e siga estas questões para expressar sua decisão:

1 Reconheça o problema com o limite:
*Ei, chefe, eu sei que você está acostumado que eu responda a e-mails até* às *23 h.*

2 Discuta sua responsabilidade no estabelecimento da questão e como ela se transformou em uma nova norma para o relacionamento:
*Reconheço que estabeleci esse precedente, porque queria que soubesse o quanto estou comprometido com este trabalho.*
3. De forma clara, expresse como a questão impacta você:
*O problema é que todo esse tempo de tela à noite está tornando difícil adormecer. Então, estou chegando no trabalho exausto, em vez de renovado, e eu não estou sendo capaz de fazer um trabalho tão bom como quero.*
4. Estabeleça seu limite como solução para o problema:
*Então, a fim de ser um funcionário melhor, vou desligar meu telefone depois das 19h. Acredito realmente que isso me tornará mais produtivo e afetará positivamente meu relacionamento com nossos clientes.*
5. Aceite e discuta as preocupações da outra pessoa:
*Eu sei que você pode estar preocupado que isso afetará a taxa de resposta ao cliente, então vamos discutir como podemos resolver essa questão. Aqui estão algumas ideias que tenho.*
6. Reforce seu compromisso com seus limites:
*Obrigado por trabalhar comigo nisto. Eu sei que isto envolverá algumas mudanças em nossa comunicação, mas estou comprometido a fazer isso porque sei com certeza que essa questão é crítica ao meu bem-estar a longo prazo e ao meu desempenho nesta empresa.*

## OLHANDO PARA DENTRO

A positividade é um trabalho interno. Sempre que você estiver enfrentando desafios no caminho para seus sonhos, a resposta mais positiva e adequada sempre começa com um olhar para dentro a fim de examinar que bagagem está trazendo para a experiência e como pode trabalhar com seus pensamentos, emoções e comportamentos para criar outra melhor. Atenção: isso raramente será seu instinto automático, pois como humanos, estamos condicionados a tentar mudar as coisas externas antes de olharmos para a arquitetura de nosso mundo interior. Por isso que é fundamental cultivar os hábitos de cuidado, meditação e autocompaixão: essas práticas treinam seu cérebro para estar presente com sua experiência interior.

# MINDFULNESS

O mindfulness é uma forma de entender melhor suas experiências através da curiosidade, abertura e aceitação, sem julgamentos. Você já começou a cultivar o mindfulness por meio da técnica PAIN e das práticas da Mente Sábia, aprendendo a observar sua experiência sem tentar mudá-la. Mas não é fácil ativar um mindset de aceitação, especialmente quando você está se sentindo provocado. A estrutura cerebral amígdala está no banco do motorista, ela é sua piloto de Fórmula 1 interna, movida a adrenalina e que reage com uma resposta de luta, fuga ou congelamento. Não é possível praticar o mindfulness antes de entregar as chaves do carro ao seu córtex pré-frontal, que é como se fosse seu sistema GPS interno: quando você bate em um bloqueio de estrada, ele não xinga ou culpa o outro motorista; ao contrário, olha todas as informações daquele momento com gentileza e inteligência.

A chave para ativar seu córtex pré-frontal é o relaxamento. Há muitas maneiras de relaxar, inclusive respirar profundamente, ioga, relaxamento muscular progressivo, e *earthing* (terapia de contato com a terra). Escolha sua estratégia favorita e continue até que sua respiração volte ao normal e seus músculos relaxem. Então, comece sua prática de mindfulness, construindo conscientemente uma nova identidade, que lhe permita um "autodistanciamento" de sua experiência. Você não é mais um advogado tentando ganhar seu caso; você é o juiz, revisando objetivamente todas as provas que estão à sua frente. Enquanto observa sua experiência, preste atenção aos seus pensamentos, sentimentos e sensações, sem analisá-los. Imagine que cada pensamento e sentimento é um advogado diferente com informações distintas, e seu trabalho é imparcial. Ouça todos os ângulos de sua experiência. Você dará seu veredicto depois.

## Meditação

A meditação é uma concentração direcionada a uma coisa em particular: um pensamento, uma respiração ou uma música, por exemplo. Gosto de brincar que medito minha vida toda, mas durante os primeiros

21 anos, eu estava meditando sobre as coisas erradas: meus pensamentos negativos. "Estúpida, estúpida, estúpida, estúpida", dizia a mim mesma o dia todo. Mas este foco foi acidental, então nós não podemos realmente chamar isso de meditação, mas é uma experiência comum em que tendemos a passar os mesmos pensamentos pela nossa mente até, conscientemente, trabalharmos para compreendê-los e mudá-los.

Minha professora Sally Kempton chama a meditação de "o abraço incondicional da plenitude de sua experiência". Ela está se referindo a uma maneira mais deliberada de focalização que ajuda a cultivar positividade. Na meditação, você está totalmente desperto e alerta, e pode ser útil fechar os olhos para melhorar sua capacidade de foco. Então, use o poder de sua concentração para se manter focado em uma coisa, como seus pensamentos, emoções ou sensações corporais. O objetivo não é deixar sua mente se agarrar a algo, mas apenas observar, pois tudo aquilo em que você está se concentrando muda naturalmente. Você busca se manter no presente, e sempre que se distrair ou for sugado para um pensamento, retorne ao seu ponto de foco.

Quanto mais você meditar, mais naturalmente responderá às suas experiências com mindfulness. Em *A ciência da meditação: como transformar o cérebro, a mente e o corpo*, Daniel Goleman e Richard Davidson utilizam as últimas pesquisas em neurociência para demonstrar que as práticas de mindfulness podem desanuviar a atividade em nossa amígdala e aumentar as conexões entre essa estrutura e o córtex pré-frontal, não apenas temporária, mas permanentemente. Os meditadores de longo prazo, portanto, percebem as situações de forma menos estressantes porque treinaram seus cérebros para pensar devagar e objetivamente.

## Autocompaixão

Por mais benéfico que seja, o mindfulness requer uma coragem tremenda para estar presente com sua raiva, medo e fracassos. Um artigo de 2014 da revista *Science* discutiu os resultados de um estudo chocante realizado pelo pesquisador Timothy Wilson e seus colegas, em que demonstraram que as pessoas preferiam dar a si mesmas um choque elétrico doloroso em vez de sentar-se calmamente com seus pensamentos! Mas sabendo que o mindfulness é o caminho para a sabedoria e a positividade, você pode criar a coragem de permanecer presente praticando a autocompaixão, que é tratar-se com gentileza e compreensão.

Segundo a pesquisadora pioneira em autocompaixão Kristen Neff, há três ingredientes cruciais. Primeiro, reconhecer sua vulnerabilidade. "*Querido*", você pode sussurrar interiormente, "*eu realmente me importo com esta dor*". Segundo, lembrar-se de que o estresse é parte da vida e que você não está sozinho. Você pode lembrar-se de pessoas que estiveram onde você está e buscaram a solidariedade. Finalmente, ofereça-se uma mensagem gentil, como "*Eu estou fazendo o melhor que posso*" ou "*Uma má decisão não faz de mim uma má pessoa*". Em um artigo de 2007 no *Journal of research in personality*, Neff e seus colegas compartilharam os resultados de dois estudos nos quais a prática da autocompaixão diminuiu a ansiedade das pessoas e melhorou o bem-estar delas. Isso melhora o estado mental, fortalece sua capacidade de praticar mindfulness e responder criteriosamente à sua experiência.

## FAÇA ISTO: VISUALIZE A COMPAIXÃO

Quando visualizamos, usamos nossa imaginação e sentidos para dar vida às experiências em nossa mente. As pesquisas mostram que o cérebro não nota a diferença entre uma memória real e uma visualizada. Um estudo publicado em 1995 no *Journal of neurophysiology*, por exemplo, mostrou que a experiência no cérebro de pessoas que visualizavam-se tocando piano e aquelas que realmente tocavam piano eram as mesmas. Em outras palavras, quando você imagina algo vívido, sua química cerebral muda como se a experiência fosse real e sua mente a registra como uma memória real. Portanto, você pode desenvolver e reforçar as habilidades de positividade que está aprendendo neste livro, tais como viver de acordo com seus valores, aceitar o fracasso, praticar o autocuidado ou a autocompaixão acolhedora, visualizando-as.

A seguir há um exercício de visualização de autocompaixão. Primeiramente, leia as instruções. Uma vez que você entenda como visualizar, passe por toda a prática com os olhos fechados.

1. Visualize-se em um espaço de cura, real ou imaginário: um espaço que lhe traga uma sensação de serenidade ou alegria. Agora, observe as formas e cores que você vê, respire a fragrância do lugar, sinta o ar e a energia ao seu redor, perceba os sons ou o silêncio desse lugar, e permita-se se entregar.
2. Quando você estiver relaxado, pense em uma situação que desperta sentimentos difíceis em você. Reflita sobre os pensamentos que está tendo em relação a esta experiência. Por que ela é tão ruim? Como você está se julgando ou julgando os outros? Como é para você estar com esses pensamentos e emoções?
3. Traga sua consciência de volta ao espaço de cura ao seu redor. Imagine que na sua frente aparece uma pessoa ou figura que representa a encarnação da compaixão e sabedoria incondicionais. Imagine olhar nos olhos dessa figura e sentir, enquanto ela olha para você com pleno amor, compreensão e aceitação. Então ouça como esse ser compassivo lhe oferece uma mensagem amável ou carinhosa.
4. Agora transforme esta sabedoria em uma mensagem positiva para você mesmo. Se, por exemplo, a figura lhe diz: “Seu melhor é sempre bom o suficiente”, converta essas palavras em “Meu melhor é sempre bom o suficiente”, e repita essa afirmação, este mantra, várias vezes.
5. Agora volte ao seu espaço de cura e imagine uma porta sendo aberta em que outras pessoas que lutam com os mesmos sentimentos com que você está lutando começam a entrar. Talvez você as conheça ou talvez elas sejam estranhas, mas assista enquanto você é acompanhado em solidariedade por outros que compartilham os mesmos medos, arrependimentos, decepções ou perdas com os quais está lidando. Veja e sinta que não está sozinho. Ofereça sua mensagem positiva a essas pessoas, permitindo que isso as conforte também.

## AUMENTO DA AUTOESTIMA

Quando Claudia tentou o exercício de autocompaixão pela primeira vez, sentiu-se extremamente desconfortável. "Eu não consegui meus objetivos, sou preguiçosa e estou gorda. Por que eu deveria ser legal comigo mesma?", disse ela. Se você sentiu a mesma resistência, então, como a maioria, você pode lutar contra a baixa autoestima.

A autoestima é diferente da autoconfiança. Autoconfiança é confiar em si mesmo e em sua capacidade de ter sucesso no mundo; a autoestima é sua avaliação de seu próprio valor. A autoestima saudável não é arrogância ou vanglória. Pelo contrário, trata-se de acreditar que você é tão digno de respeito, amor e segurança quanto qualquer outra pessoa.

Quando você tem baixa autoestima, ela vem acompanhada de uma voz interior cruel, uma voz que diz que você não merece as coisas que quer, que o culpa por tudo, lembrando-o constantemente de suas falhas, e o compara negativamente aos outros. Esta autopercepção negativa torna o caminho para a positividade extremamente desafiador. Como construir uma vida externa positiva sobre a fundação de uma vida interna negativa? Uma pesquisa de 2019 da revista acadêmica *Psychiatry investigation* mostrou que as pessoas com baixa autoestima são mais conscientes de si mesmas e lutam com a adaptação psicológica. Elas também tendem a suprimir as emoções positivas, aumentando as emoções negativas, e exibem muitos comportamentos depressivos. Isso significa que, se você luta com a baixa autoestima, vai correr menos riscos e se afastar de experiências valiosas como se expressar autenticamente, pedir ajuda, assumir posições de liderança e resolver problemas proativamente.

A boa notícia é que você pode melhorar sua autoestima mudando sua voz interior. Essa voz foi criada e reforçada ao longo do tempo por seus pensamentos e sentimentos habituais, e, como já sabe, você tem o poder de mudar essas coisas. Isso começa com a construção de sua autoconsciência e a prática da autoaceitação.

## Gostando de você mesmo

Por causa do trabalho que tem feito ao longo dos capítulos anteriores, você já está jogando o jogo da autoconsciência. Mas vamos mergulhar mais fundo para descobrir seus pontos fortes. No que você tem sido naturalmente bom desde que era jovem? Em que tipos de tarefas ou problemas as pessoas normalmente lhe pedem ajuda? No que costumam elogiá-lo? Quais atividades você pode fazer por horas sem ficar cansado? Se você já realizou o teste de personalidade Myers-Briggs, qual é o seu tipo de personalidade? Quais são seus pontos fortes? Observe as qualidades que continuam surgindo, pois esses são seus principais pontos fortes.

Talvez seu eu crítico tenha aparecido enquanto você respondia essas perguntas, dizendo: "Besteira. Eu gostaria que você tivesse as qualidades X, Y, e Z em vez disso" ou "Todos são bons nisto... não é nada especial". Se for o caso, aqui está sua oportunidade de mudar esses pensamentos negativos através da prática da autoaceitação. A verdade é que, suas qualidades são importantes: elas servem a você e aos outros, e tornam o mundo um lugar melhor. Para dar boas-vindas à autoaceitação, complete a seguinte declaração para cada uma das suas qualidades principais.

(Minha qualidade) é uma habilidade/traço tão valiosa/o porque ajuda (pessoa/organização/comunidade) a (resultado).

Aqui estão dois exemplos para que você possa começar:

- **Minha compaixão** é uma habilidade tão valiosa porque ajuda **meu parceiro a se sentir amado e ouvido**.
- **Minha perseverança** é uma habilidade tão valiosa porque ajuda **meu bairro a permanece seguro para nossos filhos e famílias.**

## Seja como um turista

Aceitar seus pontos fortes não é o suficiente. Você deve aceitar também suas fraquezas. Graças ao padrão de negatividade, você não precisa procurar muito para identificar suas fraquezas. Mas provavelmente terá que trabalhar um pouco mais para aceitar estas partes de si mesmo. Uma das técnicas mais eficazes para ajudar a cultivar a autoaceitação com suas fraquezas é ver-se na perspectiva de um desconhecido. Imagine que você é um turista viajando ao longo de sua vida, vendo-a desdobrar-se desde seu nascimento até o momento atual. Esse turista não tem bagagem. Ele não tem qualquer expectativa sobre quem você deve ser. Como ele descreveria sua história de vida? Como você descreveria sua personalidade, seus pontos fortes e suas fraquezas?

Quando testemunhada a partir da perspectiva de um estranho, sua vida parece muito mais positiva porque sua crítica interna não está influenciando seu julgamento. Você provavelmente notou que o turista viu mais coisas boas do que ruins em você, e que suas fraquezas não são características condenáveis, mas sim deficiências normais e aceitáveis em muitos seres humanos.

## Atualize sua autoimagem

Como qualquer outra habilidade de pensamento positivo que praticamos, levantar sua autoestima é um hábito. Você tem que mudar a maneira como se vê e se valoriza, pensando diferente a cada dia. Uma pesquisa publicada no *Journal of personality* sugere que simplesmente escrever sobre capítulos importantes em sua história de vida aumenta a autoestima, assim como imaginar deliberadamente memórias positivas de si mesmo (de acordo com outro estudo da *Cognitive behavioral therapy*).

Todas as noites, antes de ir para a cama, tente se questionar o seguinte: quais são meus valores fundamentais, e como eu os honrei? Quais são meus pontos fortes, e como os usei nos meus caminhos? Que fraquezas ou erros surgiram, e como posso praticar a autocompaixão para me ajudar a lidar com estas vulnerabilidades?

## A HIERARQUIA DAS NECESSIDADES

A hierarquia de necessidades de Maslow, publicada em 1943, ainda está entre os conceitos mais populares da psicologia. Nessa teoria, temos cinco níveis de necessidades, que perseguimos na seguinte ordem: fisiológica (ar, comida, água, sono), segurança (abrigo, dinheiro, emprego, saúde), afeto (amizade, família, conexão), estima (autoestima, status, reconhecimento), e autorrealização (viver o próprio potencial).

Uma pesquisa recente da The american journal of psychology sugere que, embora as pessoas tendam a conseguir necessidades fisiológicas e de segurança em primeiro lugar, os maiores ganhos em sentimentos positivos resultam de experiências de afeto, estima e autorrealização. Além disso, o bem-estar ideal resulta de uma busca equilibrada de todas as cinco categorias de necessidades simultaneamente.

Se você está lutando para fazer progressos no caminho à positividade, essas percepções podem ajudá-lo a diagnosticar o problema. Se todos os seus objetivos estão focados em ganhar mais dinheiro, por exemplo, e isso limita seu tempo com amigos e familiares, sua positividade geral pode sofrer. Além disso, mesmo que esteja com dificuldades financeiras, você ainda pode se sentir positivo ao viver de acordo com seus valores (autorrealização), construindo sua autoestima e passando tempo com pessoas que lhe fazem sentir pertencimento. Independentemente de suas circunstâncias, você sempre tem o poder para melhorar seu bem-estar, aprimorando qualquer uma dessas cinco necessidades.

## OLHANDO PARA FORA

O Estudo de Desenvolvimento de Adultos realizado pela Universidade de Harvard, um dos estudos mais longos sobre o bem-estar humano, descobriu que o fator mais importante para a felicidade, a realização e a saúde a longo prazo são relacionamentos pessoais sólidos e significativos. Pessoas que são socialmente integradas e que têm relações de apoio com outras têm melhor saúde mental e níveis mais altos de bem-estar.

Isto significa mais do que dinheiro, fama, classe social e QI — os recursos mais adequados que você pode cultivar para sustentar seu caminho para a positividade são as relações positivas. Conexões significativas com outras pessoas criam estímulos mentais e emocionais e dão a você a oportunidade de se expressar, o que é um combustível automático de um aumento do humor. Talvez, e mais importante, essas relações significativas também o protejam dos descontentamentos da vida. Um bom amigo ou membro da família oferece um espaço seguro para falar sobre seus desafios, possibilita conforto e tranquilidade, e até o ajuda a solucionar problemas.

### Bondade

Não é o número de amigos que você tem que influencia seu bem-estar, mas sim a qualidade e a satisfação de seus relacionamentos. Os dois pilares mais importantes para a construção destas relações significativas são gentileza e gratidão.

Bondade significa agir de uma forma benevolente e útil para a outra pessoa. No entanto, ela só cria positividade quando sua gentileza é motivada pelo desejo de ajudar genuinamente a outra pessoa, sem ser para ganhar uma recompensa ou para evitar punições (isso é manipulação). Cada experiência, como você deve se lembrar, é construída por três elementos: pensamentos, emoções e ações. Ser agradável a alguém, enquanto guarda ressentimento, não fará você mais positivo; na verdade, este tipo de inautenticidade cria estresse, ressentimento e desconexão.

Por conseguinte, a bondade envolve trabalho interior. Estudos mostram que as pessoas são mais gentis quando têm a habilidade de ter perspectiva sobre uma situação e controlar seus pensamentos e emoções.

## Gratidão

Da mesma forma, a gratidão é mais do que dizer obrigado; é uma profunda experiência de sentir e compartilhar a valorização. A chave é comunicar como a outra pessoa gera valor em sua vida ou as emoções positivas que ela faz você sentir. Isso não só faz com que ela se sinta valorizada e orgulhosa, mas também com que se sinta mais positiva em relação a você e mais confortável expressando preocupações dentro do relacionamento que tem com ela.

Tanto a gratidão quanto a gentileza motivam um ciclo contínuo de comportamentos positivos que constroem intimidade e conexão profunda em seus relacionamentos ao longo do tempo. Por exemplo, se alguém lhe enviar uma carta de agradecimento por seu trabalho, você provavelmente vai querer fazer algo novamente com essa pessoa. Ou se alguém fizer algo bondoso com você, você se sentirá inclinado a retribuir. Quanto mais este ciclo continua, mais significativa a relação se torna. Pesquisas mostram que você também recebe benefícios pessoais destes comportamentos pró-sociais. Por exemplo, simplesmente registrar pelo que você é grato fará você se sentir mais feliz. Em um artigo publicado em 2009, no *Journal of writing research*, os pesquisadores ilustraram que escrever estas cartas de uma maneira expressiva cultiva bem-estar, e que apenas três experiências de dez a quinze minutos de escrita são o suficiente para introduzir mudanças positivas.

## Pertencimento

A maneira mais rápida de se tornar uma pessoa mais gentil e grata é cercando-se de outros tipos de pessoas agradecidas. Porque, como seres sociais, estamos conectados, e com quem você dedica seu tempo, tanto pessoal como profissionalmente, tem um rápido e poderoso impacto sobre a forma como você se comporta. Porém, mais uma vez, não é apenas sobre estar cercado deste tipo de pessoas e comunidades positivas; trata-se de criar um propósito significativo de conexão e pertencimento com eles.

Para cultivar o sentimento de pertencimento, mostre interesse genuíno em outras pessoas. Celebre as conquistas, pergunte sobre as paixões, os valores, os medos e as esperanças delas, e compartilhe os seus também. Tome iniciativa e crie oportunidades para compartilhar aventuras, brincadeiras, inspirações e descobertas. Mais importante, seja autêntico — interaja de maneira que você realmente desfrute, expresse a verdade de quem você é e estabeleça limites quando for necessário!

Finalmente, certifique-se de *saborear* estas experiências de conexão e pertencimento, praticando a técnica "encare, nutra, sinta". Quando você tiver uma experiência agradável, como um momento de conexão significativa, enriqueça essa experiência, refletindo sobre ela por trinta segundos e depois absorva essa interação; imagine-a penetrando em seu corpo e tornando-se parte de sua identidade.

## FAÇA ISTO: POTENCIALIZE SUA GRATIDÃO COM MINDFULNESS

A gratidão é boa para sua saúde mental, para seus relacionamentos e para a humanidade como um todo. No entanto, raramente damos às nossas experiências positivas a atenção de que necessitam para cultivar pensamentos, emoções e comportamentos que criam a experiência de gratidão. No entanto, fortalecido com o mindfulness, você pode construir sua capacidade de se conectar à gratidão a cada dia. O seguinte exercício é adaptado de Mindful.org.

Este é um exercício de um dia inteiro, por isso leve seu diário junto com você e esteja ciente de cada vez que você disser obrigado, a todos, desde o atendente na cafeteria até a sua mãe. Pare e observe os detalhes dessa experiência:

1. Qual é a sensação? Foi uma cortesia social ou dito de coração?
2. Que pensamentos, se houver, isso traz à tona? Talvez pensamentos genuínos de apreciação, planos para a reciprocidade do favor ou questionamento de por que você está agradecendo a essa pessoa.
3. Como está seu corpo? Você está de frente para a outra pessoa, fazendo contato visual e oferecendo um gesto de agradecimento? Ou você está a meio caminho da porta, em sua próxima interação?

Após este exercício, você provavelmente perceberá que sua maneira de dizer obrigado não é particularmente consciente, mas sim ausente na mente e no coração. Trazer o mindfulness e a intenção em sua gratidão para o futuro requer uma pausa quando seu instinto de agradecer surgir. Pare por um momento para nomear pelo que você sente gratidão. Observe e sinta as emoções que estes pensamentos trazem à tona. *Então*, agradeça.

## NÃO PRESSIONE

Iniciamos este livro discutindo a importância de criar hábitos para que você possa fazer mudanças duradouras em seu estado de espírito e em sua vida. Vamos dar meia-volta e terminar da mesma maneira.

Como você, sem dúvida, já experimentou até o momento, a mudança não acontece da noite para o dia, e leva tempo para atingir seus objetivos. Quando você se vê tendo a mesma discussão com seu parceiro pela centésima vez, pode parar e praticar a técnica PAIN para lidar com sua raiva, ou dialogar com seu pensamento negativo para que possa identificar as distorções cognitivas que o fazem perder a calma. Mas se seu parceiro o chatear novamente no dia seguinte, você ainda será provocado a reagir com sua velha forma de argumentação, porque essa ainda é sua forma mais utilizada e mais habitual de responder. Você terá que fazer o trabalho interno várias vezes até que finalmente quebre esse padrão para criar novos. Isso *acontecerá* eventualmente, mas não se pode forçar.

É por isso que a escolha mais importante que você pode fazer neste momento é desfrutar de sua prática diária de pensamento positivo, em vez de tratá-la como um exercício irritante no caminho para seus objetivos grandiosos. É um privilégio poder criar e mudar a forma como você experimenta a vida, não uma obrigação. Com isso, todas as vezes que você estiver consciente o suficiente para trabalhar seus pensamentos, emoções e comportamentos de uma forma que se alinhe aos seus valores, deixe que isso seja suficiente para você naquele momento. Com ações diárias, em vez de pressionar, a mudança fica ao seu alcance.

## Você não precisa mentir para si mesmo

Bill Gates disse certa vez: "A maioria das pessoas superestima o que pode fazer em um ano e subestima o que pode fazer em dez". Eu não poderia estar mais de acordo, e é por isso que a paciência é a chave para o progresso sólido — você deve ser capaz de continuar, mesmo que esteja demorando mais do que esperava. A paciência envolve a corajosa aceitação de sua realidade interior e exterior, a ausência de ressentimento, a inquietude e a retenção da esperança. Que tipo de pensamentos positivos baseados no otimismo, na confiança e na compaixão você pode praticar para abraçar uma atitude paciente com seu sucesso?

Se você estiver de mau humor, não tente se enganar em uma atitude positiva. Em vez disso, reconheça seus sentimentos de desconforto e sua ansiedade em "seguir em frente" e enfrente-os com compaixão. Isso o faz sair do drama e o traz para o presente, o que lhe permite se ancorar em seus valores e sabedorias mais profundos. Uma vez conectado a essa clareza interior, honre o que mais importa no momento pela maneira como lida com você e com os outros. Isso é o que torna a espera uma experiência suportável, e até mesmo agradável.

## Acontecerá a seu tempo

Em vez de perguntar: "Já chegamos?", confie no poder dos hábitos baseados em evidências que você aprendeu neste livro. Se você surfar todos os dias, *vai* ficar melhor na hora de aproveitar as ondas. Uma mudança de maré ou um corpo envelhecido pode inibir seu progresso de vez em quando, mas você se tornará um surfista mais habilidoso. O mesmo se aplica a todos os seus objetivos.

Já estou no caminho da positividade há mais de uma década, e ainda luto com a negatividade. Diferentemente do meu passado, hoje trabalho rapidamente e com integridade através dos meus pensamentos e sentimentos negativos, em vez de me envolver em uma discussão ou deixar que isso afete minha autovalorização. Da mesma forma, você criará um mindset mais corajoso, gentil e resiliente, conforme continua a praticar as habilidades de pensamento positivo deste livro; a neuroplasticidade prova que este progresso é inevitável. Isso não significa que não cairá mais na negatividade, apenas que isso acontecerá com cada vez menos frequência, e você estará muito mais equipado para lidar com isso.

## Obtenha apoio

Lembre-se, relacionamentos são uma vantagem em seu caminho para positividade. Trabalhar com um coach, um terapeuta ou um parceiro de confiança o ajudará a manter-se no caminho certo e a fazer a experiência mais alegre e significativa. Mesmo algo tão simples como compartilhar seus compromissos de pensamento positivo com um amigo impulsionará seus resultados. Escolha alguém que possa fornecer apoio, que você possa prestar contas e que acompanhe as atualizações semanais do seu progresso. Não escolha alguém que não valorize a positividade, pois isso poderia gerar dúvidas em sua prática.

Além de cultivar uma rede de apoio, use limites para expressar suas necessidades de incentivo ou espaço, para qualquer pessoa que desaprove a positividade para a qual você está trabalhando. Lidar com suas críticas internas é o suficiente; você não precisa de nenhuma mais.

### FAÇA ISTO: AVALIE SUA POSITIVIDADE

Agora que estamos chegando ao fim deste livro, é hora de avaliar novamente sua positividade.

Por favor, pontue cada item de 1 a 10, sendo 10 o melhor, com base em como isso é verdade para você. Em seguida, calcule sua positividade somando as respostas. Enquanto você estiver pontuando, lembre-se que isto é uma avaliação, não um julgamento. Você está se avaliando simplesmente porque isso o ajuda a concentrar seus esforços para o futuro. Aprender e crescer são experiências que nos trazem grande alegria e satisfação, e os resultados desta avaliação ajudarão você a perceber isso, especificamente, o ajudarão a crescer ainda mais no futuro.

1. Eu gosto de mim mesmo, aprecio meus pontos fortes e aceito minhas imperfeições.
2. Minha rotina e meus objetivos são muito gratificantes porque eles são alinhados aos meus valores essenciais.
3. Assumo a responsabilidade pelo meu relacionamento com minhas experiências, trabalhando com meus pensamentos, emoções e comportamentos.
4. Eu transformo experiências positivas em recursos de longo prazo. Quando coisas boas acontecem, eu proativamente reservo um tempo para apreciar, nutrir, enriquecer e compartilhar essas experiências.
5. Eu me cerco de pessoas que acreditam na gentileza, gratidão e positividade, e cultivo relações profundas e significativas com elas.
6. Quando experimento emoções negativas, faço uma pausa antes de reagir, abordando meus pensamentos e sentimentos com curiosidade, compaixão e autocuidado.
7. Eu nunca evito desconforto ou incerteza; sei que sou resiliente o suficiente para superar quaisquer circunstâncias que me deparo.
8. Quando me sinto perdido ou confuso, conecto-me à inteligência intuitiva da minha Mente Sábia e honro sua orientação
9. Quando falho, sempre procuro o crescimento e a aprendizagem da minha experiência, e então continuo a avançar em direção aos meus objetivos.
10. No dia a dia, eu espero coisas boas, e me sinto otimista sobre minha vida.

**Minha pontuação de positividade:** ______ /100%

Se sua pontuação aumentou em 5 pontos ou 50 pontos, celebre seu progresso e enriqueça as emoções positivas por trás disso. Sua melhoria é um indicador de que é capaz de impulsionar o poder do pensamento positivo e que a neuroplasticidade está trabalhando para você.

Finalmente, escreva sobre como, qualquer pontuação que você considere baixa, pode estar prejudicando seus objetivos. Em seguida, volte para as práticas que aprendeu neste livro, e que o ajudam a fomentar essa habilidade de positividade, e faça um *brainstorm* de como pode incluí-las no plano para atingir seu objetivo. Colocar o foco sobre estas habilidades específicas o ajudará a melhorar rapidamente.

## POSITIVIDADE NA PRÁTICA

Espero que você se sinta nutrido por saber que é digno e capaz do autocuidado necessário para permanecer no caminho para a positividade. Isso não só é uma realização edificante, como também é a única maneira de ter sucesso em qualquer coisa significativa. Uma flor não pode florescer sem água, solo e luz solar; da mesma forma, você só é capaz de alcançar a expressão mais completa de seus objetivos e valores quando cultiva o apoio e a bondade interior necessários para prosperar. E com base na avaliação da positividade, você tem o conhecimento de onde gostaria de crescer ainda mais. A fim de alcançar todos os objetivos importantes para os quais está trabalhando, como pode apoiar-se com autocuidado? Que mudanças você pode fazer em sua vida, seus relacionamentos e seu diálogo interno para se permitir estar sempre florescendo?

# CONCLUSÃO

Há uma história muito contada sobre um campo de golfe britânico em Calcutá durante a colonização britânica da Índia. Os britânicos estavam esperando uma experiência de golfe relaxante como as que tinham em casa, mas havia um enorme obstáculo que eles não anteciparam: macacos. Os primatas não deixavam os britânicos jogarem em paz; onde quer que a bola corresse, eles a agarravam, brincavam com ela e a arremessavam. Os golfistas fizeram de tudo para controlar os macacos: eles construíram cercas ao redor dos campos, tentaram atrair e até mesmo prender os animais em gaiolas. Mas nada funcionou. Para cada macaco que eles capturavam, outro apareceria. Finalmente, os golfistas aceitaram a realidade e criaram uma nova regra: dê a tacada de onde o macaco abandonou a bola.

Quando você está comprometido com a positividade, sua vida é como uma partida de golfe em Calcutá. Você estudou o campo, e decidiu como quer acertar a bola para alcançar os buracos; em outras palavras, você selecionou, conscientemente, os pensamentos, as emoções e os comportamentos positivos que praticará para que o progresso em direção a seus objetivos tenha significado. E, ainda assim, mesmo quando se prepara para a tacada perfeita, os macacos podem interromper sua brilhante jogada, que permitiria atingir o buraco de uma única vez, e jogar a bola na areia. Você pode trabalhar duro para uma promoção e a economia pode entrar em uma recessão. Ou pode perder alguém que ama e ser tão dominado pelo luto que sentirá que não tem nenhum controle sobre sua mente. Estas circunstâncias são desafiadoras, frustrantes e até injustas, mas não significa que você está fazendo um mau trabalho ou que deveria desistir. Você só tem que jogar a bola de onde o macaco a deixou cair: Aceite as circunstâncias como elas são e continue jogando pela paixão pelo jogo — pela paixão por sua própria vida. Pensar positivo e viver em alinhamento com seus valores faz com que o jogo em si seja gratificante, por isso você não depende de um jogo com resultados perfeitos.

Quando *conseguir* uma bola perfeita no buraco ou quando os macacos lhe derem um arremesso perfeito, lembre-se de saborear essas experiências. Encare, nutra, sinta! Aproveite os bons pensamentos e os bons momentos, como aproveitaria o sol no primeiro dia de verão. Lembre-se, nossa necessidade de sobrevivência programou cada um de nós com um padrão de negatividade, em que estamos constantemente procurando o que está errado em vez do que está certo. Você pode, e irá, superar esse padrão percebendo as pequenas vitórias ao longo do caminho. Talvez você tenha sido capaz de se sentir grato por sua vida, mesmo quando estava doente na cama com a gripe, ou tenha conseguido seu primeiro cliente ontem. Celebrar e enriquecer estas experiências positivas não apenas torna-as mais agradáveis, como também ajuda a criar memórias e recursos que lhe servem durante toda a sua vida. Além disso, quando se diverte em fazer progressos em algo significativo, você enche seu tanque de motivação para continuar avançando.

Quando o macaco jogar sua bola de maneira errada, lembre-se que o primeiro passo para voltar ao caminho certo é simplesmente uma pausa para examinar o campo e aceitar suas circunstâncias atuais. Às vezes pode até parecer que o macaco está dentro de sua mente, e, apesar de seus melhores esforços de otimismo, você se sentirá inquieto, assustado ou sobrecarregado. Não evite ou resista a estes pensamentos negativos; volte-se para eles com abertura e gentileza. Como Martin Luther King Jr. disse uma vez: "O amor é a única força capaz de transformar um inimigo em um amigo". Quando você faz uma pausa para praticar a técnica PAIN e a autocompaixão, essas experiências negativas transformam-se em oportunidades de autoconscientização e autocuidado.

Encarar seu fracasso, medo e tristeza também prova que mesmo que você não esteja se sentindo feliz em cada momento, pode sempre ser corajoso e atencioso. E isso, como aprendeu, é o que realmente representa o pensamento positivo.

Certifique-se de ter os sistemas à mão para ajudá-lo a prosperar. Se você sabe onde está o buraco e tem um plano de como acertar sua bola nessa direção, chegará lá eventualmente, não importa quantas vezes os macacos maliciosos se metam no caminho. Da mesma forma, se estiver determinado o suficiente a atingir seus objetivos, e permanecer comprometido com suas intenções, pode confiar que você estará sempre se movendo na direção certa e que não precisa pressionar as coisas. Além disso, se você estiver jogando golfe com boas pessoas, rindo juntos de suas gafes e incentivando uns aos outros ao longo do caminho, então não importa o quão rápido você termine o jogo, porque vai se deliciar a cada tacada. É por isso que manter limites sólidos e os compartilhar com uma comunidade de apoio são componentes críticos para cultivar um progresso positivo.

Por último, lembre-se, não há nenhum "deveria" neste caminho. Pensar positivo é sobre a autocriação; qual "eu" você quer criar depende de você. Deixe seus valores guiarem o caminho e, em seguida, entre em sua Mente Sábia sempre que precisar tomar grandes decisões sobre o caminho certo a seguir. Honrar sua bússola interior, uma e outra vez, é a melhor prática de autocuidado que conheço.

Você chegou ao fim deste livro; mas a verdade é que este é apenas um começo. Você sabe para onde quer ir a partir daqui, e agora tem as ferramentas para fazer isso. Continue medindo seu progresso à medida que avança, pois isso o ajudará a ver seus próximos passos com clareza. E, o mais importante, nunca se esqueça quão poderoso você é. Cada respiração profunda, cada criação consciente de pensamento, cada escolha que faz para tentar novamente depois de um fracasso, cada emoção positiva que compartilha com outra pessoa é a prova de que você é capaz de criar uma vida positiva. O caminho para a positividade é seu, meu corajoso leitor. Você só precisa estar disposto a seguir as voltas e reviravoltas, pedir orientações quando precisar de ajuda e assumir o compromisso de nunca mais voltar atrás. Sua vida merece isso.

# RECURSOS

## LIVROS E PERIÓDICOS

BRACH, Tara. *Radical Acceptance: Embracing Your Life with the Heart of a Buddha*. Nova York, NY: Bantam Dell, 2004.

DOBELLI, Rolf. *The Art of Thinking Clearly*. Londres, Reino Unido: Sceptre, 2014.

DWECK, Carol. *Mindset: The New Psychology of Success: How We Can Learn to Fulfill Our Potential*. Nova York, NY: Ballantine, 2007.

FRANKL, Victor. *Man's Search for Meaning*. Boston, MA: Beacon Press, 2006.

FREDRICKSON, Barbara. *Positivity*. Nova York, NY: Harmony Books, 2009.

HANSON, Rick. *O cérebro e a felicidade: como treinar sua mente para atrair serenidade, amor e autoconfiança*. São Paulo, SP: WMF Martins Fontes, 2016.

JONES, Gregory Knox. *Play the Ball Where the Monkey Drops It: Why We Suffer and How We Can Hope*. São Francisco, CA: Harper, 2001.

KAHNEMAN, Daniel. *Rápido e devagar: duas formas de pensar*. Rio de Janeiro, RJ: Objetiva, 2012.

NEFF, Kristin. *Autocompaixão: pare de se torturar e deixe a insegurança para trás*. Teresópolis, RJ: Lúcida Letra, 2017.

PETERSON, Christopher. *Pursuing the Good Life: 100 Reflections on Positive Psychology*. Nova York, NY: Oxford University Press, 2012.

SELIGMAN, Martin. *Felicidade autêntica: use a psicologia positiva para alcançar todo seu potencial.* Rio de Janeiro, RJ: Objetiva, 2019.

TAORMINA, Robert J.; GAO, Jennifer Hong. "Maslow and the Motivation Hierarchy: Measuring Satisfaction of the Needs." *The American Journal of Psychology* 126, n. 2 (2013): 155. doi:10.5406/amerjpsyc.126.2.0155.

## SITES

Positive Psychology Community: https://positivepsychology.com/

Radiant Wholeness Holistic Life Coaching: www.caitlinmargaret.com

University of Pennsylvania's Positive Psychology Center: https://ppc.sas.upenn.edu/

## PROGRAMAS

Foundations of Well-Being:
https://www.thefoundationsofwellbeing.com/
Freedom from Anxiety:
http://www.caitlinmargaret.com/ffa/
Mindfulness-Based Stress Reduction:
https://palousemindfulness.com/
The Mindful Self-Compassion Program:
https://self-compassion.org/the-program/

## MEDITAÇÕES GUIADAS

Caitlin Margaret's Free Guided Meditations:
www.caitlinmargaret.com/pathtopositivity
Kristen Neff's Guided Self-Compassion Meditations:
https://self-compassion.org/guided-self-compassion -meditations-mp3-2/
Mindfulness Meditations:
https://www.mindful.org/category/meditation/guided-meditation/

# REFERÊNCIAS

AKHTAR, Salman. *Silent Virtues: Patience, Curiosity, Privacy, Intimacy, Humility, and Dignity.* Nova York, NY: Routledge, 2018.

BENSON, Kyle. "The Magic Relationship Ratio, According to Science." *The Gottman Institute.* Acesso em: September 11, 2019. https://www.gottman.com/blog/the-magic-relationship-ratio -according-science/.

BLANKERT, Tim; HAMSTRA, Melvyn R. W. "Imagining Success: Multiple Achievement Goals and the Effectiveness of Imagery." *Basic and Applied Social Psychology* 39, n. 1 (July 2016): 60–67. doi:10.1080/01973533.2016.1255947.

BRACH, Tara. *Radical Acceptance: Embracing Your Life with the Heart of a Buddha.* Nova York, NY: Bantam Dell, 2004.

BRANS, Karen; VERDUYN, Philippe. "Intensity and Duration of Negative Emotions: Comparing the Role of Appraisals and Regulation Strategies." *PLoS ONE* 9, n. 3 (2014). doi:10.1371/journal. pone.0092410.

BROWN, Brené. *A arte da imperfeição: abandone a pessoa que você acha que deve ser e seja você mesmo.* Rio de Janeiro, RJ: Sextante, 2021.

BUCKINGHAM, Marcus. *Now, Discover Your Strengths.* Gallup Press: Washington D.C., 2001.

BURNS, David. *Feeling Good: The New Mood Therapy.* Nova York, NY: Signet, 1980.

CAMERON, Kim; MORA, Carlos Mora; LEUTSCHER, Trevor e CALARCO, Margaret. "Effects of Positive Practices on Organizational Effectiveness." *The Journal of Applied Behavioral Science* 47, n. 3 (2011): 266-308. doi:10.1177/0021886310395514.

CAPRARA, Gian Vittorio; LUENGO, Bernadette Paula; KANACRI, Antonio Zuffianò; GERBINO, Maria; PASTORELLI, Concetta. "Why and How to Promote Adolescents' Prosocial Behaviors: Direct, Mediated and Moderated Effects of the CEPIDEA School-Based Program." *Journal of Youth and Adolescence* 44, n. 12 (December 2015): 2211–29. doi:10.1007/s10964-015-0293-1.

CHATTU, Vijayk; AERI, Banit; KHANNA, Preeti. "Nutritional Aspects of

Depression in Adolescents–A Systematic Review." *International Journal of Preventive Medicine* 10, n. 1 (2019): 42. doi:10.4103/ ijpvm.ijpvm_400_18.

CHEVALIER, Gaétan. "The Effect of Grounding the Human Body on Mood." *Psychological Reports* 116, n. 2 (2015): 534-42. doi:10.2466/06. pr0.116k21w5.

CLEAR, James. *Hábitos atômicos: um método fácil e comprovado de criar bons hábitos e se livrar dos maus.* Rio de janeiro, RJ: Alta Books, 2019.

COHEN, Geoffrey; SHERMAN, David. "The Psychology of Change: Self-Affirmation and Social Psychological Intervention." *Annual Review of Psychology* 65 (2014): 333-71. doi:10.1146/ annurev-psych-010213-115137.

COX, Louis. "Overcoming Learning Aversion in Evaluating and Managing Uncertain Risks." *Risk Analysis* 35 (2015): 1892-1910. doi:10.1111/ risa.12511.

CRANE, Frederick G.; CRANE, Erinn. "Dispositional Optimism and Entrepreneurial Success." *The Psychologist-Manager Journal* 10, n. 1 (2007): 13-25. doi:10.1080/10887150709336610.

DAY, Liz; HANSON, Katie Hanson; MALTBY, John; PROCTOR, Carmel; WOOD, Alex. "Hope Uniquely Predicts Objective Academic Achievement above Intelligence, Personality, and Previous Academic Achievement." *Journal of Research in Personality* 44, n. 4 (2010): 550-53. doi:10.1016/j. jrp.2010.05.009.

DOBELLI, Rolf. *A arte de pensar claramente: como evitar as armadilhas do pensamento e tomar decisões de forma mais eficaz.* Rio de Janeiro, RJ: 2014.

DOCKRAY, Samantha; STEPTOE. (2010). "Positive Affect and Psychobiological Processes." *Neuroscience and Biobehavioral Reviews 35* (2019): 69-75. doi:10.1016/j.neubiorev.2010.01.006.

Dweck, Carol. *Mindset: Changing the Way You Think to Fulfil Your Potential.* Nova York, NY: Robinson, 2017.

EGAN, Sarah; WADE, Tracey; SHAFRAN, Roz; ANTONY, Martin Antony. *Cognitive-Behavioral Treatment of Perfectionism.* Nova York, NY: Guilford, 2014.

Feeney, Brooke; Collins, Nancy. "A New Look at Social Support: An

Integrative Perspective on Thriving through Relationships." *Personality and Social Psychology Review*, (2014): 1-35. doi: 10.1177/1088868314544222.

FLETT, Gordon; HEWITT, Paul; BLANKSTEIN, Kirk; GRAY, Lisa. "Psychological Distress and the Frequency of Perfectionistic Thinking." *Journal of Personality and Social Psychology* 75, n. 5 (1998): 1363-81. doi:10.1037/0022-3514.75.5.1363.

FREDRICKSON, Barbara. "The Broaden-and-Build Theory of Positive Emotions." *Philosophical Transactions of the Royal Society of London B Biological Sciences* 359, n. 1149 (2004): 1367-78. doi: 10.1098/rstb.2004.1512.

FOX, Kieran; THOMPSON, Evan; HANNA, Jessica R. Andrews; CHRISTOFF, Kalina. "Is Thinking Really Aversive? A Commentary on Wilson Et Al.s 'Just Think: The Challenges of a Disengaged Mind.'" *Frontiers in Psychology*, última modificação: 2 de julho de 2018. doi:10.31231/osf.io/murj3.

GERMER, Christopher K.; NEFF, Kristin D. "Self-Compassion in Clinical Practice." *Journal of Clinical Psychology* 69, n. 8 (2013): 856-67. doi:10.1002/jclp.22021.

GILBERT, Daniel Todd. *Stumbling on Happiness*. Nova York, NY: Vintage, 2007.

GOLEMAN, Daniel; DAVIDSON, Richard J. *A ciência da meditação: Como transformar o cérebro, a mente e o corpo*. Rio de Janeiro, RJ: Objetiva, 2017.

GOLLWITZER, Peter M.; SHEERAN, Paschal. "Implementation Intentions and Goal Achievement: A Meta-Analysis of Effects and Processes." *Advances in Experimental Social Psychology Advances in Experimental Social Psychology*, 38 (2006): 69-119. doi:10.1016/s0065-2601(06)38002-1.

GORDON, Brett R.; LYONS, Mark, HERRING, Matthew. "The Effect of Resistance Exercise Training on Anxiety Symptoms." *Medicine & Science in Sports & Exercise* 49 (2017): 471. doi:10.1249/01. mss.0000518180.45240. a8.

GOTTMAN, John Mordechai. *What Predicts Divorce? The Measures*.

Mahwah, NJ: Lawrence Erlbaum Associates, 1996.

GREENBERG, Melanie. *The Stress-Proof Brain: Master Your Emotional Response to Stress Using Mindfulness & Neuroplasticity.* Strawberry Hills, New South Wales: ReadHowYouWant, 2018.

GROSSMANN, Igor; SAHDRA, Baljinder; CIARROCHI, Joseph. "A Heart and A Mind: Self-Distancing Facilitates the Association Between Heart Rate Variability, and Wise Reasoning." *Frontiers in Behavioral Neuroscience* 10 (2016): 1-10. doi:10.3389/fnbeh.2016.00068.

HALL, Jeffrey A. "How Many Hours Does It Take to Make a Friend?" *Journal of Social and Personal Relationships* 36, n. 4 (2018): 1278-96. doi:10.1177/0265407518761225.

HANSON, Rick. *O cérebro e a felicidade: como treinar sua mente para atrair serenidade, amor e autoconfiança.* São Paulo, SP: WMF Martins Fontes, 2016.

HARRIS, Peter R.; GRIFFIN, Dale W.; NAPPER, Lucy E. BOND, Rod; SCHÜZ, Benjamin; STRIDE, Christopher; BREARLEY, Irina. "Individual Differences in Self-Affirmation: Distinguishing Self-Affirmation from Positive Self-Regard." *Self and Identity* 18, n. 6 (2018): 589-630. doi:10.1080/15298868.2018.1504819.

HARRIS, Russ; HAYES, Stephen. *The Happiness Trap.* Londres, Reino Unido: Robinson, 2008.

Harvard Health Publishing. "Why It's Hard to Change Unhealthy Behavior–and Why You Should Keep Trying." *Harvard Health.* Último acesso: 15 de julho, 2019. https://www.health.harvard.edu/newsletter_article/why-its-hard-to-change-unhealthy-behavior-and-why-you-should-keep-trying.

HATTIE, John, TIMPERLEY, Helen. "The Power of Feedback." *Review of Educational Research* 77, n. 1 (2007): 81-112. doi:10.3102/003465430298487.

HIRSCH, Colette R.; PERMAN, Gemma; HAYES, Sarra; EAGLESON, Claire; MATHEWS, Andrew. "Delineating the Role of Negative Verbal Thinking in Promoting Worry, Perceived Threat, and Anxiety." *Clinical Psychological Science* 3, n. 4 (Junho 2015): 637-47.

doi:10.1177/2167702615577349.

HJEMDAL, Odin; STILES, Tore; WELLS, Adrian. "Automatic Thoughts and Meta-Cognition as Predictors of Depressive or Anxious Symptoms: A Prospective Study of Two Trajectories." *Scandinavian Journal of Psychology* 54, n. 2 (2012): 59-65. https://doi. org/10.1111/sjop.12010.

HOFMANN, Stefan G.; GÓMEZ, Angelina F. "Mindfulness-Based Interventions for Anxiety and Depression." *Psychiatric Clinics of North America* 40, n. 4 (2017): 739-49. doi:10.1016/j.psc.2017.08.008.

ITO, Tiffany A.; LARSEN, Jeff T.; SMITH, N. Kyle; CACIOPPO, John T. "Negative Information Weighs More Heavily on the Brain: The Negativity Bias in Evaluative Categorizations." *Journal of Personality and Social Psychology* 75, n. 4 (1998): 887-900. doi:10.1037 //0022-3514.75.4.887.

JAMES, Kirsty; RIMES, Katharine A. "Mindfulness-Based Cognitive Therapy Versus Pure Cognitive Behavioural Self-Help for Perfectionism: A Pilot Randomised Study." *Mindfulness* 9, n. 3 (2017): 801-14. doi:10.1007/ s12671-017-0817-8.

KHAWAJA, Nigar; YU, Lai Ngo Heidi. "A Comparison of the 27-Item and 12-Item Intolerance of Uncertainty Scales." *Clinical Psychologist* 14, n. 3 (2010): 97-106. doi:10.1080/13284207.2010.502542.

KIM, Eun Seong; HONG, Yeon-Ju, KIM, Minwoo, KIM, Eun Joo, KIM, Jae-Jin. "Relationship Between Self-Esteem and Self-Consciousness in Adolescents: An Eye-Tracking Study." *Psychiatry Investigation* 16, n. 4 (2019): 306-13. doi:10.30773/ pi.2019.02.10.3.

KLENGER, F. "Exercise as a Treatment for Depression: A Meta-Analysis Adjusting for Publication Bias." *Physioscience* 12, n. 03 (setembro 2016): 122-23. doi:10.1055/s-0035-1567129.

KLINE, Daniel B. "A Majority of U.S. Workers Are Actually Satisfied with Their Jobs." *USA Today*. Gannett Satellite Information Network, 7 de setembro, 2018. https://www.usatoday.com/ story/ money/careers/employment-trends/2018/09/03/labor-day -majority-workers-satisfied-jobs-survey/37670201/.

LADOUCEUR, Robert; GOSSELIN, Patrick, DUGAS, Michel J.

"Experimental Manipulation of Intolerance of Uncertainty: A Study of a Theoretical Model of Worry." *Behaviour Research and Therapy* 38, n. 9 (2000): 933-41. doi:10.1016/s0005-7967(99)00133-3.

LAZARUS, Richard S., FOLKMAN, Susan. *Stress, Appraisal, and Coping.* Nova, NY: Springer, 1984.

LINEHAN, Marsha. *Terapia cognitivo-comportamental para transtorno da personalidade borderline.* Porto Alegre, RS: Artemd, 2009.

LIN-SIEGLER, Xiaodong; AHN, Janet N.; CHEN, Jondou; FANG, Fu-Fen Anny; LUNA-LUCERO, Myra. "Even Einstein Struggled: Effects of Learning about Great Scientists' Struggles on High School Students' Motivation to Learn Science." *Journal of Educational Psychology* 108, n. 3 (2016): 314-28. doi:10.1037/edu0000092.

LYUBOMIRSKY, Sonja; KING, Laura; DIENER, Ed. "The Benefits of Frequent Positive Affect: Does Happiness Lead to Success?" *Psychological Bulletin* 131, n. 6 (2005): 803-55. doi:10.1037/0033-290 9.131.6.803.

MAGNUSON, Cale D.; BARNETT, Lynn A. "The Playful Advantage: How Playfulness Enhances Coping with Stress." *Leisure Sciences* 35, n. 2 (2013): 129-44. doi:10.1080/01490400.2013.761905.

MAK, Winnie W. S.; NG, Ivy S. W.; WONG, Celia C. Y. "Resilience: Enhancing Well-Being Through the Positive Cognitive Triad." *Journal of Counseling Psychology* 58, n. 4 (2011): 610-17. doi:10.1037/ a0025195.

MANZONI, Gian Mauro, PAGNINI, Francesco; CASTELNUOVO, Gianluca; MOLIANRI, Enrico. "Relaxation Training for Anxiety: A Ten-Years Systematic Review with Meta-Analysis." *BMC Psychiatry* 8, n. 1 (fevereiro 2008). doi:10.2147/oajct.s6464510.1186/1471-244x-8-41.

MAUSS, Iris B.; TAMIR, Maya; ANDERSON, Craig L; SAVINO, Nicole S. "Can Seeking Happiness Make People Unhappy? Paradoxical Effects of Valuing Happiness." *Emotion* 11, n. 4 (2011): 807-15. doi:10.1037/ a0022010.

MEETEN, F., S. R.; DASH, A. L. S. Scarlet; DAVEY, G. C. L. "Investigating the Effect of Intolerance of Uncertainty on Catastrophic Worrying and Mood." *Behaviour Research and Therapy* 50, n. 11 (2012): 690-98. doi:10.1016/j.brat.2012.08.003.

MILNE, Sarah; ORBELL, Sheina; SHEERAN, Paschal. "Combining Motivational and Volitional Interventions to Promote Exercise Participation: Protection Motivation Theory and Implementation Intentions." *British Journal of Health Psychology* 7, n. 2 (2002): 163-84. doi:10.1348/135910702169420.

MOSKOWITZ, Judy; CARRICO, Adam; COHN, Michael; DUNCAN, Larissa G.; BUSSOLARI, Cori; LAYOUS, Kristin; HULT, Jen, et al. "Randomized Controlled Trial of a Positive Affect Intervention to Reduce Stress in People Newly Diagnosed with HIV; Protocol and Design for the IRISS Study." *Open Access Journal of Clinical Trials* 2014, 85. doi:10.2147/oajct.s64645.

"Most Americans Experience Feeling Dissatisfied with How Their Body Looks from Time to Time, Including Nearly Two in Five Who Feel This Way Whenever They Look in the Mirror." *Ipsos*. Último acesso: 9 de setembro, 2019. https://www.ipsos.com/en-us/news-polls/most-americans-experience-feeling-dissatisfied-with-body-looks-from-time-to-time.

MYRSKYLÄ, Mikko; MARGOLIS, Rachel. "Happiness: Before and After the Kids." *Demography* 51, n. 5 (2014): 1843-66. doi:10.1007/s13524-014-0321-x.

NEFF, Kristin. *Autocompaixão: pare de se torturar e deixe a insegurança para trás*. Teresópolis, RJ: Lúcida Letra, 2017.

NEFF, Kristin D.; KIRKPATRICK, Kristin L.; RUDE, Stephanie S. "Self-Compassion and Adaptive Psychological Functioning." *Journal of Research in Personality* 41, n. 1 (2007): 139-54. doi:10.1016/j.jrp.2006.03.004.

"New Cigna Study Reveals Loneliness at Epidemic Levels in America." Cigna, a Global Health Insurance and Health Service Company. Último acesso: 21 de julho, 2019. https://www.cigna.com/newsroom/ news-releases/2018/new-cigna-study-reveals-loneliness-at-epidemic-levels-in-america.

O'CONNELL, Brenda H.; O'SHEA, Deirdre; GALLAGHER, Stephen. "Enhancing Social Relationships Through Positive Psychology Activities:

A Randomised Controlled Trial." *The Journal of Positive Psychology* 11, n. 2 (June 2015): 149-62. doi:10.1080/17439760.201 5.1037860.

O'NEIL, Adrienne; BERK, Michael; ITSIOPOULOS, Catherine; CASTLE, David, OPIE, Rachelle; PIZZINGA, Josephine; BRAZIONIS, Laima, et al. "A Randomised, Controlled Trial of a Dietary Intervention for Adults with Major Depression (the 'SMILES' Trial): Study Protocol." *BMC Psychiatry* 13, n. 1 (2013). doi:10.1186/1471-244x-13-114.

ONG, Anthony D.; BERGEMAN, C. S.; BISCONTI, Toni L; WALLACE, Kimberly A. "Psychological Resilience, Positive Emotions, and Successful Adaptation to Stress in Later Life." *Journal of Personality and Social Psychology* 91, n. 4 (2006): 730-49. doi:10.1037/0022-3514.91.4.730.

OTAKE, Keiko; SHIMAI, Satoshi; MATSUMI, Junko Tanaka; OTSUI, Kanako; FREDRICKSON, Barbara L. "Happy People Become Happier Through Kindness: A Counting Kindnesses Intervention." *Journal of Happiness Studies* 7, n. 3 (2006): 361-75. doi:10.1007/ s10902-005-3650-z.

PARK, Nansook; PETERSON, Christopher; SZVARCA, Daniel; MOLEN, Randy J. Vander; KIM, Eric S.; COLLON, Kevin. "Positive Psychology and Physical Health." *American Journal of Lifestyle Medicine* 10, n. 3 (2016). doi:10.1177/1559827614550277.

PASCUAL-LEONE, A.; NGUYET, D.; COHEN, L. G.; BRASIL-NETO, J. P; CAMMAROTA, A.; HALLETT, M. "Modulation of Muscle Responses Evoked by Transcranial Magnetic Stimulation during the Acquisition of New Fine Motor Skills." *Journal of Neurophysiology* 74, n. 3 (January 1995): 1037-45. doi:10.1152/jn.1995.74.3.1037.

PINK, Daniel H. *Motivação 3.0 – Drive: a surpreendente verdade sobre o que nos motiva.* Rio de Janeiro, RJ: Sextante, 2019.

RYGULA, Rafal; GOLEBIOWSKA, Joanna; KREGIEL, Jakub; KUBIK, Jakub; POPIK, Piotr. "Effects of Optimism on Motivation in Rats." *Frontiers in Behavioral Neuroscience* 9 (2015). doi:10.3389/ fnbeh.2015.00032.

SANTOS, Veruska, PAES, Flavia, PERREIRA, Valeska, ARIAS-CARRIÍN, Oscar; SILVA, Adriana Cardoso; CARTA, Mauro Giovanni; NARDI, Antonio Egidio; MACHADO, Sergio. "The Role of Positive Emotion and

Contributions of Positive Psychology in Depression Treatment: Systematic Review." *Clinical Practice & Epidemiology in Mental Health* 9, n. 1 (2013): 221-37. doi:10.2174/1745017901309010221.

SCHUCH, Felipe B.; VANCAMPFORT, Davy; RICHARDS, Justin; ROSENBAUM, Simon; WARD, Philip B.; STUBBS, Brendon. "Exercise as a Treatment for Depression: A Meta-Analysis Adjusting for Publication Bias." *Journal of Psychiatric Research* 77 (2016): 42-51. doi:10.1016/j.jpsychires.2016.02.023.

SCOTLAND, Diane Coogan; DAVIS, Erin. "Relaxation Techniques for Trauma." *Journal of Evidence-Informed Social Work* 13, n. 5 (2016): 434-41. doi:10.1080/23761407.2016.1166845.

SELIGMAN, Martin E. P.; STEEN, Tracy A.; PARK, Nansook; PETERSON, Christopher. "Positive Psychology Progress: Empirical Validation of Interventions." *American Psychologist* 60, n. 5 (2005): 410-21. doi:10.1037/0003-066x.60.5.410.

SHAFRAN, Roz; EGAN, Sarah; WADE, Tracey. *Overcoming Perfectionism: A Self-Help Guide Using Scientifically Supported Cognitive Behavioural Techniques.* Londres, Reino Unido: 2018.

SIRGY, M. Joseph; WU, Jiyun. "The Pleasant Life, the Engaged Life, and the Meaningful Life: What About the Balanced Life?" *Happiness Studies Book Series: The Exploration of Happiness* (2013): 175-91. doi:10.1007/978-94-007-5702-8_10.

SOMOV, Pavel G. *Present Perfect: A Mindfulness Approach to Letting Go of Perfectionism and the Need for Control.* Oakland, CA: New Harbinger Publications, 2010.

SRIVASTAVA, Sanjay; MCGONIGAL, Kelly M.; RICHARDS, Jane M.; BUTLER, Emily A.; GOSS, James. 2019. "Optimism in Close Relationships: How Seeing Things in a Positive Light Makes Them So." *Journal of Personality and Social Psychology* 91, n. 1 (2006): 143-53 doi:10.1037/0022-3514.91.1.143.

TAY, Louis; DIENER, Ed. "Needs and Subjective Well-Being Around the World." *Journal of Personality and Social Psychology* 101, n. 2 (2011): 354-65. doi:10.1037/a0023779.

TOEPFER, Steven; WALKER, Kathleen. "Letters of Gratitude: Improving Well-Being Through Expressive Writing." *Journal of Writing Research* 1, n. 3 (2009): 181-98. doi:10.17239/jowr-2009.01.03.1.

TOLIN, David F. "Is Cognitive–Behavioral Therapy More Effective Than Other Therapies? A Meta-Analytic Review." *Clinical Psychology Review* 30, n. 6 (2010): 710-20. doi:10.1016/j.cpr.2010.05.003.

DIEST, Ilse Van; VERSTAPPEN Karen; AUBERT, André E.; WIDJAJA, Devy; VANSTEENWEGEN, Debora; WLEMINCX, Elke. "Inhalation/ Exhalation Ratio Modulates the Effect of Slow Breathing on Heart Rate Variability and Relaxation." Applied Psychophysiology and Biofeedback 39, n. 3-4 (2014): 171–80. doi:10.1007/s10484-014-9253-x.

WALDINGER, Robert. "What Makes a Good Life? Lessons from the Longest Study on Happiness." Gravado em novembro de 2015 em Boston, MA. TED video, 12:47. https:// www.ted.com/talks/ robert_waldinger_what_makes_a_good_life_lessons_from_the_longest_ study_on_happiness/ up-next?language=en.

WATKINS, Philip C.; MCCURRACH, Duncan. "Progress in the Science of Gratitude." *The Oxford Handbook of Positive Psychology*, 3. ed. Junho, 2017. doi:10.1093/oxfordhb/9780199396511.013.33.

WHITEHEAD, Nadia, "People Would Rather Be Electrically Shocked Than Left Alone With Their Thoughts." *Science*, 10 de dezembro, 2017. www.sciencemag.org/news/2014/07/people-would-rather -be-electrically-shocked-left-alone-their-thoug.

# AGRADECIMENTOS

Sou muito grata aos professores que me orientaram ao longo do meu próprio caminho para a positividade, incluindo aqueles com os quais estudei diretamente, Tara Brach, Rick Hanson, Sally Kempton, e aqueles cujos ensinamentos eu sigo de perto, Byron Katie e Brené Brown. Sem a sabedoria de vocês, não consigo imaginar onde eu estaria hoje. É a visão de vocês que brilha através destas páginas, e eu sou humilde por fazer parte dos movimentos que lideram. E aos meus outros grandes professores, as comunidades indígenas da Guatemala, Ruanda e Índia com as quais tive o privilégio de trabalhar, e que personificam — em contraste com as circunstâncias mais desafiadoras — o que é a positividade, resiliência e o amor.

Também sou grata à equipe da Callisto Media, especialmente a minha editora Nora Spiegel, sem a qual este livro não existiria. E a todos aqueles que dão vida às minhas aventuras pessoais: à minha mãe, que incansavelmente disse sim aos meus sonhos quando todos os outros disseram “você quer fazer o que?!” e me transmitiu sua brilhante habilidade com as palavras; ao meu pai, pelas aventuras lúdicas da infância que ainda hoje me enchem de positividade, e por me ensinar como ensinar; ao meu querido marido e sogros, que são um fonte infinita de riso e luz em minha vida; aos meus amigos, mentores e irmãos que me encorajaram positivamente quando eu precisei, especialmente Sara, Rachel, Liz, Iza, Paco, Chrissy, Natasha, e Sanjeev; e, claro, à Mahashakti e à Pachamama, pela graça de cada doce respiração.

E, por último, sou extremamente grata às pessoas que tive a sorte de ter sido coach, por ajudarem a criar um mundo mais positivo através de suas corajosas transformações